"十四五"职业教育国家规划教材

"十三五"职业教育国家规划教材

汽车自动变速器构造与维修

主　编　郁延建
副主编　柴启霞　付清洁　郭忠菊
参　编　徐春良　吕小帅　王　宇
　　　　孟凡福　周爱东　吴雅坤
　　　　康昌盛

机械工业出版社

本书是"十四五"职业教育国家规划教材。

本书是由从事多年职业教育教学工作的一线骨干教师和学科带头人在企业调研、分析研究汽车维修技术岗位群职业能力及汽车维修技术人才培养方案的基础上，在企业、行业专家指导和参与下编写而成的。

本书分为8个项目，主要内容包括：自动变速器概述、液力变矩器检修、行星齿轮传动系统检修、液压控制系统检修、电子控制系统检修、定轴式自动变速器系统检修、无级自动变速器、自动变速器性能检测。大部分项目由知识准备、项目实施（含多个任务）和课后习题组成，以完成项目的工作过程为主线，把工作和学习紧紧结合在一起，充分调动了学生自主学习和实践的积极性。

本书可作为职业院校汽车检测与维修技术专业的教学用书，也可供相关专业技术人员参考。

本书配有电子教案、电子课件、习题及习题答案，凡使用本书作为教材的教师可登录机械工业出版社教育服务网 www.cmpedu.com 下载。

图书在版编目（CIP）数据

汽车自动变速器构造与维修/郇延建主编．—北京：机械工业出版社，2019.9（2025.1重印）
职业教育汽车类专业"十三五"规划教材　职业教育改革创新教材
ISBN 978-7-111-63583-3

Ⅰ.①汽…　Ⅱ.①郇…　Ⅲ.①汽车-自动变速装置-构造-职业教育-教材②汽车-自动变速装置-车辆修理-职业教育-教材　Ⅳ.①U472.41

中国版本图书馆CIP数据核字（2019）第188750号

机械工业出版社（北京市百万庄大街22号　邮政编码100037）
策划编辑：于志伟　责任编辑：于志伟
责任校对：潘　蕊　封面设计：鞠　杨
责任印制：张　博
北京建宏印刷有限公司印刷
2025年1月第1版第8次印刷
184mm×260mm・10.25印张・280千字
标准书号：ISBN 978-7-111-63583-3
定价：43.00元

电话服务　　　　　　　　　网络服务
客服电话：010-88361066　　机　工　官　网：www.cmpbook.com
　　　　　010-88379833　　机　工　官　博：weibo.com/cmp1952
　　　　　010-68326294　　金　书　网：www.golden-book.com
封底无防伪标均为盗版　机工教育服务网：www.cmpedu.com

关于"十四五"职业教育
国家规划教材的出版说明

为贯彻落实《中共中央关于认真学习宣传贯彻党的二十大精神的决定》《习近平新时代中国特色社会主义思想进课程教材指南》《职业院校教材管理办法》等文件精神，机械工业出版社与教材编写团队一道，认真执行思政内容进教材、进课堂、进头脑要求，尊重教育规律，遵循学科特点，对教材内容进行了更新，着力落实以下要求：

1. 提升教材铸魂育人功能，培育、践行社会主义核心价值观，教育引导学生树立共产主义远大理想和中国特色社会主义共同理想，坚定"四个自信"，厚植爱国主义情怀，把爱国情、强国志、报国行自觉融入建设社会主义现代化强国、实现中华民族伟大复兴的奋斗之中。同时，弘扬中华优秀传统文化，深入开展宪法法治教育。

2. 注重科学思维方法训练和科学伦理教育，培养学生探索未知、追求真理、勇攀科学高峰的责任感和使命感；强化学生工程伦理教育，培养学生精益求精的大国工匠精神，激发学生科技报国的家国情怀和使命担当。加快构建中国特色哲学社会科学学科体系、学术体系、话语体系。帮助学生了解相关专业和行业领域的国家战略、法律法规和相关政策，引导学生深入社会实践、关注现实问题，培育学生经世济民、诚信服务、德法兼修的职业素养。

3. 教育引导学生深刻理解并自觉实践各行业的职业精神、职业规范，增强职业责任感，培养遵纪守法、爱岗敬业、无私奉献、诚实守信、公道办事、开拓创新的职业品格和行为习惯。

在此基础上，及时更新教材知识内容，体现产业发展的新技术、新工艺、新规范、新标准。加强教材数字化建设，丰富配套资源，形成可听、可视、可练、可互动的融媒体教材。

教材建设需要各方的共同努力，也欢迎相关教材使用院校的师生及时反馈意见和建议，我们将认真组织力量进行研究，在后续重印及再版时吸纳改进，不断推动高质量教材出版。

机械工业出版社

前言

本书根据《国家职业教育改革实施方案》("职教20条")(第九条)"坚持知行合一、工学结合"的要求,结合我国汽车维修领域技能型紧缺人才需求的实际情况,借鉴国内外先进的职业教育理念、模式和方法,参照相关的国家职业标准和行业的职业技能鉴定规范,并采用基于工作过程的项目式教学的编写体例,对教学内容和教学方法进行了大胆的改革。

本书是由从事多年职业教育教学工作的一线骨干教师和学科带头人在企业调研、分析研究汽车维修技术岗位群职业能力及汽车维修技术人才培养方案的基础上,在企业、行业专家指导和参与下编写而成的。

本书始终坚持正确的政治方向,以国家和社会的需求为导向,以专业人才培养目标为依据,以所在专业能力结构为主线。本次重印,将习近平新时代中国特色社会主义思想和党的二十大精神融入教材,以全力打造精品教材为出发点,全面贯彻党的教育方针,落实立德树人的根本任务,培养德智体美劳全面发展的社会主义建设者和接班人。本书的主要特点如下。

1)在编写理念上,根据职业院校学生的培养目标及认知特点,打破了传统的理论—实践—再理论的认知规律,代之以实践—理论—再实践的新认知规律。

2)在编写体例上,打破了原有的"以学科为中心"的课程体系,建立以工作过程为导向、以工作任务为引领的课程体系,力求培养学生的职业素养和职业能力。

3)在编写内容的安排上,以实际工作为依据,以项目为载体,由易到难,循序渐进,书中所采用的图例直观形象、好教易学、内容紧扣主题、定位准确。

4)在教学思想上,坚持理论与实践、知识学习与技能训练一体化,强调实践与理论的有机统一,技能上力求满足企业用工需要,理论上做到适度、够用。

全书共8个项目,大部分项目由知识准备、项目实施(含多个任务)和课后习题组成,以完成项目的工作过程为主线,把实践和理论紧紧结合在一起,充分调动了学生自主学习和实践的积极性。

本书由山东交通技师学院的郧延建担任主编,山东交通技师学院的柴启霞、付清洁、郭忠菊担任副主编,参与编写的还有山东交通技师学院的徐春良、吕小帅、王宇、孟凡福、周爱东、吴雅坤、康昌盛。在编写过程中参考了相关著作和文献资料,在此一并向有关作者表示真挚的感谢。

由于编者水平有限,书中难免有错漏之处,敬请读者批评指正。

编　者

二维码清单

名　称	图　形	名　称	图　形
安装 B1 制动器		安装 B2 制动器片组	
安装 G38、G68 传感器		安装单向离合器	
安装后传动部分		安装弹性挡圈	
安装油底壳、后端盖		安装油泵	
安装滑阀箱总成		安装离合器总成及隔离管	
安装行星齿轮机构		自动变速器拆卸	
自动变速器检测			

目 录

前言

二维码清单

项目一　自动变速器概述 ……………………………………………………… 1
项目描述 ……………………………………………………………………… 1
学习目标 ……………………………………………………………………… 1
知识准备 ……………………………………………………………………… 1
项目实施 ……………………………………………………………………… 8
任务一　自动变速器油的检查 …………………………………………… 9
任务二　自动变速器油的更换 …………………………………………… 10
课后习题 ……………………………………………………………………… 10

项目二　液力变矩器检修 ……………………………………………………… 12
项目描述 ……………………………………………………………………… 12
学习目标 ……………………………………………………………………… 12
知识准备 ……………………………………………………………………… 12
项目实施 ……………………………………………………………………… 17
任务一　液力变矩器的检修 ……………………………………………… 17
任务二　液力变矩器的故障分析 ………………………………………… 18
课后习题 ……………………………………………………………………… 19

项目三　行星齿轮传动系统检修 ……………………………………………… 21
项目描述 ……………………………………………………………………… 21
学习目标 ……………………………………………………………………… 21
知识准备 ……………………………………………………………………… 21
项目实施 ……………………………………………………………………… 43
任务一　01M 自动变速器的拆装与检修 ………………………………… 44
任务二　行星齿轮传动系统常见故障排除 ……………………………… 59
课后习题 ……………………………………………………………………… 61

项目四　液压控制系统检修 …………………………………………………… 63
项目描述 ……………………………………………………………………… 63

学习目标 …………………………………………………………………………………… 63
　　知识准备 …………………………………………………………………………………… 63
　　项目实施 …………………………………………………………………………………… 74
　　任务一　液压控制系统的检修 …………………………………………………………… 74
　　任务二　液压控制系统常见故障排除 …………………………………………………… 79
　　课后习题 …………………………………………………………………………………… 81

项目五　电子控制系统检修 …………………………………………………………… 82
　　项目描述 …………………………………………………………………………………… 82
　　学习目标 …………………………………………………………………………………… 82
　　知识准备 …………………………………………………………………………………… 82
　　项目实施 …………………………………………………………………………………… 90
　　任务一　电控系统的检测 ………………………………………………………………… 91
　　任务二　01N 自动变速器电控系统故障诊断 …………………………………………… 92
　　课后习题 …………………………………………………………………………………… 97

项目六　定轴式自动变速器系统检修 ………………………………………………… 99
　　项目描述 …………………………………………………………………………………… 99
　　学习目标 …………………………………………………………………………………… 99
　　知识准备 …………………………………………………………………………………… 99
　　项目实施 ………………………………………………………………………………… 118
　　任务　更换 OAM 变速器的离合器 …………………………………………………… 120
　　课后习题 ………………………………………………………………………………… 124

项目七　无级自动变速器 ……………………………………………………………… 125
　　项目描述 ………………………………………………………………………………… 125
　　学习目标 ………………………………………………………………………………… 125
　　知识准备 ………………………………………………………………………………… 125
　　课后习题 ………………………………………………………………………………… 147

项目八　自动变速器性能检测 ………………………………………………………… 148
　　项目描述 ………………………………………………………………………………… 148
　　学习目标 ………………………………………………………………………………… 148
　　知识准备 ………………………………………………………………………………… 148
　　项目实施 ………………………………………………………………………………… 153
　　课后习题 ………………………………………………………………………………… 154

参考文献 ………………………………………………………………………………………… 156

项目一 自动变速器概述

一辆 PASSAT B5 汽车，装配 01N 型 4 档电控液压自动变速器。由于档位故障，导致该车辆不能正常行驶，进入维修厂进行检修。根据维修接待和车间检测结果，确认是自动变速器系统的综合故障。本项目通过对自动变速器及相关系统的拆检，完成自动变速器相关故障的诊断与排除。

知识目标	1）分辨自动变速器的类型，查找自动变速器的识别码
	2）叙述自动变速器的组成，简述自动变速器的档位原理
	3）根据自动变速器类型正确选用自动变速器油（ATF），检查 ATF 油量和油质，结合 ATF 状况分析故障原因
技能目标	1）按照规范正确检查自动变速器油液面高度和油质
	2）按照规范正确检查自动变速器的泄漏情况
	3）按照步骤规范更换自动变速器油

一、自动变速器的分类、组成与基本原理

汽车发动机输出的转矩变化范围比较小，不能满足汽车在多种条件下行驶的要求，因此在汽车传动系统中安装了能够在大范围内改变发动机转矩与转速的变速器。变速器有手动变速器、自动变速器和无级变速器。手动变速器需要驾驶人经常换档，以适应各种行驶条件和需要的车速。自动变速器能够根据发动机的负荷和车辆的行驶速度通过控制单元自动地变换合适的档位，实现与发动机的最佳配合，获得最佳的经济性、动力性、安全性和较低的排放。

1. 自动变速器的分类

不同车型所装用的自动变速器在形式、结构上有很大的差异，常见的分类方法和类型主要有以下几种。

（1）按控制方式分类 目前乘用车自动变速器按照控制方式可以分为液压控制（液控）式和电子控制（电控）液压式两大类。

液控式自动变速器是通过机械的传动方式，通过控制换档执行机构动作，实现自动换档，但现在应用较少。

电控液压式自动变速器是通过电子控制单元（ECU）控制换档执行元件的动作，从而实现自动换档。现在多数车辆的自动变速器都采用电控液压式。

(2) 按驱动方式分类 自动变速器按汽车的驱动方式不同，可分为前置前驱自动变速器（图1-1）和前置后驱自动变速器（图1-2）两种类型。

图1-1 前置前驱自动变速器

图1-2 前置后驱自动变速器

前置前驱自动变速器在自动变速器的壳体内还装有主减速器和差速器。横置发动机前驱自动变速器由于汽车横向尺寸的限制，要求有较小的轴向尺寸，通常将输入轴和输出轴设计成两个轴线的方式。液力变矩器和齿轮变速机构输入轴布置在上方，齿轮变速机构输出轴布置在下方，减小了变速器总体的轴向尺寸，但增加了它的高度。一般中小排量乘用车多采用此种驱动方式。

前置后驱自动变速器的液力变矩器和齿轮变速器的输入轴及输出轴在同一轴线上，发动机的动力经液力变矩器、齿轮变速器、传动轴、后驱动桥的主减速器、差速器和半轴传给左右两个后轮。后驱动自动变速器一般应用于大排量乘用车或货车。

(3) 按变速方式分类 自动变速器按照变速方式分为有级自动变速器和无级自动变速器（图1-3）两类。

有级自动变速器是具有有限几个定值传动比（一般有3~5个前进档和1个倒档）的自动变速器。有级自动变速器与手动变速器都具有定值传动比，在大部分车辆上被广泛使用。

无级自动变速器是能使传动比在一定范围内连续变化的自动变速器，但由于无级自动变速器存在传动带容易损坏、无法承受较大的载荷等问题，所以它一直以来多应用在小排量、低功率的汽车上。

图1-3 无级自动变速器

(4) 按前进档的档位数不同分类 自动变速器按前进档的档位数不同可分为2个前进档、3个前进档、4个前进档三种。早期的自动变速器通常为2个或3个前进档，没有超速档，其最高档为直接档，现在已经基本不用。现代乘用车大多装用4个或更多个前进档，设有超速档，大大提高了汽车的燃油经济性。

(5) 按齿轮变速机构的类型分类 自动变速器按齿轮变速机构的类型不同可分为行星齿轮式和普通齿轮式两种。行星齿轮式自动变速器传动方式在自动变速器中占主导地位，它具有结构紧凑、传动平稳等诸多优点，大部分自动变速器采用这种传动方式。普通齿轮式自动变速器体积较大，最大传动比较小，只有少数几种车型使用，如本田 ACCORD 汽车。

（6）按传动机构的类型分类　自动变速器按其传动机构的类型不同，可分为平行轴式、行星齿轮式与钢带传动式三种（图1-4）。

a)　　　　　　　　　　b)　　　　　　　　　　c)

图1-4　不同传动机构的自动变速器

a）平行轴式　b）行星齿轮式　c）钢带传动式

2. 自动变速器的组成

自动变速器的厂牌型号很多，外部形状和内部结构也不尽相同，但它们的组成基本相同，都可以分为液力变矩器、齿轮变速系统、液压控制系统、电子控制系统四大部分。图1-5 所示为自动变速器的结构。

（1）液力变矩器　液力变矩器安装在自动变速器的最前端，通过驱动端盖螺栓固定在发动机曲轴后端的凸缘上，从而与发动机曲轴连接，其作用与普通汽车的离合器类似。液力变矩器利用油液循环流动过程中动能的变化，将发动机的动力传递到自动变速器的输入轴，并能根据汽车行驶阻力的变化，在一定范围内自动地、无级地改变传动比和转矩比，具有一定的减速增矩功能。

图1-5　自动变速器的结构

（2）齿轮变速系统　自动变速器中齿轮变速机构的形式有普通齿轮式和行星齿轮式两种。采用普通齿轮式的自动变速器，由于尺寸较大，最大传动比较小，因此只有少数车型采用。目前绝大多数乘用车自动变速器中的齿轮变速系统均采用行星齿轮式。行星齿轮式齿轮变速系统主要包括行星齿轮机构和换档执行元件两部分。

（3）液压控制系统　液压控制系统由供油部分、油压调节部分、油路控制部分组成。液压控制系统主要作用是：提供并调节自动变速器所需的各种油压，包括液力变矩器油压、执行元件（离合器和制动器）油压、润滑油（机油）油压等；响应各种控制信号，并把各种信号转换成液压动作。

（4）电子控制系统　电子控制系统主要由传感器、电子控制单元（ECU）和执行器组成。它的作用是将车速传感器和节气门位置传感器等传感器产生的电信号输入电子控制单元，由电子控制单元经过计算、比较、处理后，根据预先存储在 ECU 中的换档程序，确定档位与换档点，然后输出控制指令，控制换档电磁阀线圈的通断，实现自动换档。此外，电子控制系统还具有自诊断功能与失效保护功能。

3. 自动变速器的基本原理

液控式自动变速器是通过机械传动方式，将汽车行驶时的车速和节气门开度这两个主控制参数转变为液压控制信号。液压控制系统的阀板总成中的各控制阀根据这些液压控制信号的变化，按照设定的换档规律，操纵换档执行元件的动作实现自动换档（图1-6）。

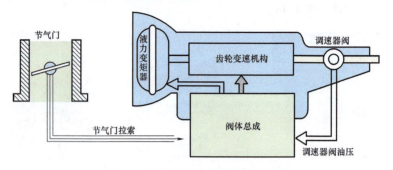

图1-6　液控式自动变速器系统简图

电控液压式自动变速器是通过各种传感器，将发动机的转速、节气门开度、车速、发动机冷却液温度、自动变速器油温度等参数信号输入ECU；ECU根据这些信号，按照设定的换档规律，向换档电磁阀、油压电磁阀等发出动作控制信号；换档电磁阀和油压电磁阀再将ECU的动作控制信号转变为液压控制信号；阀板中的各控制阀根据这些液压控制信号，控制换档执行元件的动作，从而实现自动换档过程。电控液压式自动变速器系统如图1-7所示。

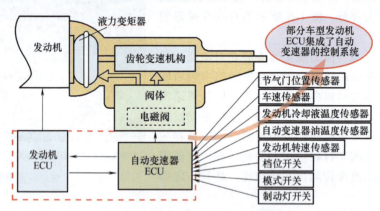

图1-7　电控液压式自动变速器系统

二、自动变速器的使用

1. 自动变速器各档位的功能

不同车型的自动变速器档位大同小异，使用方法基本类似。变速杆一般有4~7个档位，从前向后分别为P、R、N、D、S、L，或者P、R、N、D、3、2、1等（图1-8）。

（1）P位（驻车档）　当变速杆处于P位时，自动变速器传动系统处于自由转动状态，不传递动力。此时，停车锁止机构将自动变速器的输出轴锁止，防止车辆移动。P位只能在汽车停稳后才能挂入，否则容易损坏停车锁止机构。当变速杆要从P位移出时，可踏下制动踏板或按下变速杆锁止按钮。在P位时，发动机可以起动。

（2）R位（倒档）　R位在倒车时使用。当选择R位时，

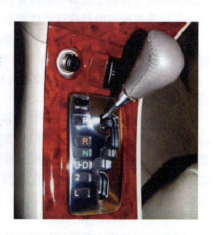

图1-8　自动变速器档位布置图

驱动轮反转，实现倒车行驶。R 位也只能在汽车停稳后才能挂入，否则容易损坏变速传动系统。为避免驾驶人在汽车未停稳时误推入 R 位，在 R 位连动杆上也设有位置锁止板，因此需要将变速杆上的锁止按钮按下才能挂入 R 位。

（3）**N 位（空档）** 当选择 N 位时，自动变速器内所有离合器和制动器均处于分离状态，齿轮变速机构空转，没有动力从自动变速器输出。

（4）**D 位（前进档）** D 位在起步和一般行驶时使用。当变速杆拨至 D 位时，自动变速器控制系统根据车速、节气门开度等信号，按预先设定的换档规律，自动进行换档。目前大多数自动变速器在前进档中设有 3 个或 4 个档位，相应称为 3 档或 4 档自动变速器。对于 4 档自动变速器，可以实现 4 个不同传动比的档位，即 1 档、2 档、3 档、4 档。其中 1 档传动比最大，2 档传动比次之，3 档为直接档（传动比为 1），4 档为超速档（传动比小于 1）。

（5）**3 位（前进低档）** 当变速杆拨至 3 位时，自动变速器的控制系统将限制前进档的变化范围，自动变速器只能在 1 档、2 档、3 档之间变换档位，无法升入超速档。

（6）**S（或 2）位（中速发动机制动档）** 变速杆位于该位时，自动变速器根据节气门开度和车速只能在 1、2 档自动实现换档，无法升入更高的档位，从而使汽车获得发动机制动效果。

（7）**L（或 1）位（低速发动机制动档）** 变速杆位于该位时，汽车被锁定在前进档 1 档，只能在该档位行驶而无法升入高档，发动机制动效果更强。此档位多用于山区行驶、上坡加速或下坡稳定车速等特殊行驶情况，可避免频繁换档，提高自动变速器使用寿命。

发动机只有在变速杆位于 N 或 P 位时，才能起动，此功能靠档位开关实现。装有自动变速器的汽车不能长时间拖动，因为发动机不工作时，自动变速器油泵不工作，换档执行元件得不到润滑，会烧坏离合器和制动器。

2. 自动变速器控制开关的功能

不同车型自动变速器的控制开关往往有不同的名称，其作用也不完全相同（图 1-9）。常见的控制开关有以下几种。

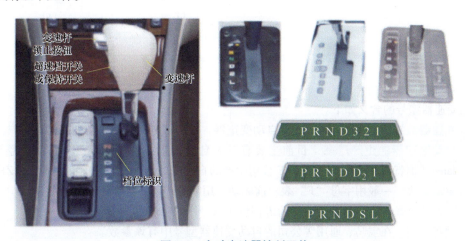

图 1-9　自动变速器控制开关

（1）**超速档开关（O/D 档开关）** O/D 档开关用来控制自动变速器的超速档，通常安装在自动变速器的变速杆上，如图 1-9 所示，这个功能默认为开启状态。此时若变速杆位于 D 位，自动变速器随着车速的提高而升档时，最高可升入 4 档。当按下 O/D 键，O/D 功能关闭，仪表板上显示 O/D OFF 字样，自动变速器随着车速的提高而升档时，最高只能升入 3 档，不能升入超速档，发动机将提供给车辆更大的转矩。

（2）**模式开关**（图 1-10） 大部分电子控制自动变速器都有一个模式开关，用来选择自动变速器的控制模式,以满足不同的使用要求。常见的控制模式有以下几种。

1) 经济模式(ECONOMY)。这种控制模式是以汽车获得最佳的燃油经济性为目的来设计换档规律的。

2) 动力模式(POWER)/运动模式(SPORT)。这种控制模式是以汽车获得最大的动力性为目标来设计换档规律的。

3) 标准模式(NORMAL)。标准模式的换档规律介于经济模式和动力模式之间。它兼顾了动力性和经济性,使汽车既保证了一定的动力性,又具有较佳的燃油经济性。

4) 雪地模式(SNOW)。在该模式下,自动变速器以高档(3档)起动,这样即使汽车起步时加速踏板被踩到底,也能保证驱动轮不会出现打滑。

(3) 保持开关(HOLD) 自动变速器的保持开关通常位于变速杆上(图1-10b),其作用是使自动变速器不能自动换档。当接通保持开关时,档位的变换由驾驶人通过变速杆手动操作进行。若变速杆处于D位、S(或2)位、L(或1)位,则自动变速器分别保持在3档、2档、1档,这样有利于抑制驱动轮打滑。

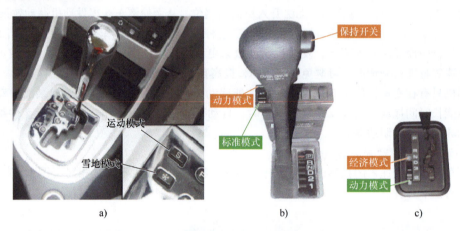

图1-10 模式开关

a) 雪地模式和运动模式开关 b) 动力模式、标准模式及保持开关 c) 经济模式、动力模式

3. 自动变速器型号的含义

自动变速器型号的含义如下。

(1) 变速器的性质 字母"A"表示自动变速器,字母"M"表示手动变速器。

(2) 自动变速器的生产厂家 目前主要有三大自动变速器生产厂家:ZF(采埃孚)、Aisin(爱信)、Jatco(捷特科)。例如,德国ZF公司生产的自动变速器,其型号前面大多有"ZF"。

(3) 驱动方式 一般用字母"F"表示前驱动,用字母"R"表示后驱动。

(4) 前进档位数 表示自动变速器前进档位个数,用数字表示。

(5) 额定转矩 在宝马、通用等公司的自动变速器型号中有该参数。

(6) 控制类型 主要说明自动变速器是电控、液控还是电液控制,电控一般用字母"E"表示,液控一般用字母"H"表示,电液控制用字母"EH"表示。

(7) 改进序号 自动变速器在原来基础上改进的顺序号。

下面举例说明自动变速器型号的含义。

1) 宝马公司自动变速器型号。以ZF4HP22-EH为例,德国ZF公司生产,前进档位数为4,控制类型"H"代表液控,齿轮类型"P"表示行星齿轮,额定转矩22N·m,末尾的"EH"表示电液控制类型。ZF4HP自动变速器型号标记如图1-11所示。

2）通用公司自动变速器型号。通用公司自动变速器常见型号有 4T60E、4L60E 等，第一位阿拉伯数字表示前进档的个数，"4"表示 4 个前进档；第二个字母表示驱动方式，"T"表示自动变速器横置，"L"表示后置后驱动；第三、四位数字表示自动变速器的额定转矩，"60"表示转矩为 60N·m；第五位字母表示控制类型，"E"表示电控。

3）丰田公司自动变速器型号。丰田公司自动变速器的型号有两大类：一类型号中除字母外有两位阿拉伯数字，另一类型号中除字母外有 3 位阿拉伯数字。

图 1-11　ZF4HP 自动变速器型号标记

型号中有两位阿拉伯数字的自动变速器，有 A55、A40D、A45DL 等。字母"A"表示自动变速器，若左起第一位阿拉伯数字为"1""2"或"5"，则表示该自动变速器为前驱车辆用；若左起第一位阿拉伯数字为"3"或"4"，则表示该自动变速器为后驱车辆用。左起第二位阿拉伯数字表示生产序号。数字后字母含义为"H"或"F"表示用于四轮驱动车辆；"D"表示有超速档；"L"表示有锁止离合器；"E"表示电控式，同时带有锁止离合器；若没有"E"表示全液压控制自动变速器。

型号中有 3 位阿拉伯数字的自动变速器，有 A240L、A340E、A341E 等。字母"A"表示自动变速器，左起第一位阿拉伯数字及后面字母的解释同上。左起第二位阿拉伯数字表示该自动变速器前进档的个数。左起第三位阿拉伯数字表示生产序号。

4. 自动变速器的正确使用方法

(1) 起动　装有自动变速器的乘用车在起动发动机时，应拉紧驻车制动器手柄或踩下制动踏板，把变速杆置于 P 或 N 位，再把点火开关转至起动位置，才能使起动机运转。变速杆如果置于 P 或 N 位以外其他任何位置，把点火开关转至起动位置，起动机不会运转。

汽车行驶途中熄火后再起动，须将变速杆移至 P 或 N 位转动起动开关至起动位置，才能起动发动机。

(2) 起步　发动机起动后应进行预热，使温度达到预热温度再挂档起步。起步时应先踩下制动踏板，然后再挂档，松开驻车制动器手柄，抬起制动踏板，汽车会缓慢起步，起步后再缓慢加油。

(3) 临时停车　汽车在交叉路口等待交通信号灯或因堵车等原因需要临时停车时，停车时间不长，可以将变速杆保持在 D 位，踩制动踏板停车，需要起步时，只要松开制动踏板，车就能前进；如果停车时间稍长，也可以不动变速杆，保持在 D 位，同时踩制动踏板和拉驻车制动器手柄，避免松开制动踏板时车辆向前闯动；如果停车时间较长，应把变速杆置于 N 位，同时拉紧驻车制动器手柄，避免自动变速器油温升高。

(4) 倒车　在汽车停稳后，按下变速杆上的锁定按钮，把变速杆置于 R 位，松开制动踏板，车就可以倒退。在平坦路面倒车时，不用踩加速踏板，靠发动机怠速转速就可以倒车。

5. 自动变速器油（ATF）

(1) ATF 的基本认识　自动变速器油（Automatic Transmission Fluid，ATF），是指专用于自动变速器的油液。ATF 对自动变速器的工作、使用性能以及使用寿命都有非常重要的影响。汽车自动变速器维护的主要内容就是对 ATF 的检查和更换。

(2) ATF 的功用　在自动变速器中 ATF 主要有下列功用：

1）通过液力变矩器将发动机动力传递给自动变速器。
2）通过电控、液控系统传递压力和运动，完成对各换档执行元件的操纵。
3）冷却。将自动变速器中的热量带出传递给冷却介质。
4）润滑。对行星齿轮机构和摩擦副强制润滑。
5）清洁和密封。清洁运动零件并起密封作用。

(3) ATF 的特性 由于 ATF 工作特点的不同，在性能上有别于其他油液，主要有以下特性。

1）**黏温性**：黏度过大或过小都会使自动变速器传动效率下降，而黏度又随温度而变化。因此，要求 ATF 低温时黏度不要太大，高温时黏度不能太小。

2）**氧化安定性**：在工作中自动变速器的离合器等零部件温度高达 300℃。在高温下油液容易与空气作用生成一种胶质黏附在阀体及各运动零件上，影响系统的正常工作。因此，要求 ATF 具有较高的氧化安定性。

3）**防腐缓蚀性**：零件的腐蚀或锈蚀，会造成系统工作失灵，以至损坏。

4）**抗泡沫性**：油液中的泡沫影响传动油的正常循环，并有可能使各档离合器一直处于不能彻底分离或不能完全接合的状态，使自动变速器无法正常工作。

5）**耐磨性**：要求 ATF 既能良好地润滑各运动副，但摩擦因数又不能太小，否则离合器将难以接合。

6）**剪切稳定性**：液力变矩器中，传动油受到强大的剪切力，若油的剪切稳定性差，液力变矩器则会出现打滑现象，降低了液力变矩器的传递效率，还会出现换档不平稳、脱档等故障。

用于自动变速器的油液应通过严格的台架实验和道路实验，确保具备上述的各种性能。各个国家对 ATF 均有严格的规定。目前，应用广泛的 ATF 是 DEXRON、DEXRON Ⅱ 和 DEXRON Ⅲ 型，主要应用于美国通用、克莱斯勒汽车，以及日本和德国的大部分车型上。福特汽车公司使用的是 F 型 ATF，国产乘用车使用的 ATF 主要是 8 号自动变速器油。

工具准备：需要的工具、设备明细详见表 1-1。

表 1-1 工具、设备明细

件 号	名 称	型号及规格	数 量
1	实训车辆		4 辆
2	自动变速器油		4 桶
3	油压表		4 块
4	车轮挡块		8 个
5	抹布		若干
6	秒表		4 块

任务一　自动变速器油的检查

1. 自动变速器油液面高度及油质的检查

（1）ATF 液面高度检查　ATF 液面高度过高会导致主油压过高，从而出现换档冲击振动、换档提前等故障。ATF 液面高度过高还会导致空气进入 ATF。如果 ATF 液面高度过低则会导致主油压过低，从而出现换档滞后、离合器和制动器打滑等故障。

ATF 液面应位于两刻度之间。低温时油液黏度大，运转时有较多的油液附着在行星齿轮等零件上，所以液面高度较低。高温时油液黏度小，容易流回油底壳，因而液面较高。因此，自动变速器处于冷态时，液面高度应在油尺刻度的下限（COOL）附近；热态时，液面高度应在油尺刻度的上限（HOT）附近（图 1-12）。若液面过低，应继续向加注管内加入自动变速器油，直至液面高度符合规定为止。

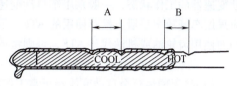

图 1-12　自动变速器油液面高度的检查

自动变速器油液面高度的检查步骤：

1）将车辆停放在水平地面上，拉紧驻车制动器手柄。
2）让发动机怠速运转 1min 以上。
3）踩住制动踏板，将变速杆依次拨至各档位上并在每个档位上停留几秒钟，使液力变矩器和所有换档执行元件中都充满自动变速器油，最后将档位拨至 P 位或 N 位。
4）从加油管内拔出自动变速器油尺，擦净后重新插入加油管再拔出，查看油尺上的液位。
5）液位应符合前述标准，否则应调整。

（2）ATF 油质检查　判断 ATF 油质可以从颜色、气味和是否含有杂质等方面考虑。

ATF 的正常颜色应为鲜亮、透明的红色，如果发黑则说明已经变质或有杂质，如果呈现粉红色或白色则说明 ATF 散热器进水。

检查 ATF 油质时，可从油尺上闻一闻油液的气味，在手指上点少许油液，用手指互相摩擦看是否有颗粒，或将油尺上的油液滴在干净的白纸上，检查油液的颜色及气味。若 ATF 有焦味并且呈棕黑色，则说明已经变质了。

ATF 脏污会导致的不良后果如下：

1）脏油中的油泥积炭会形成磨料磨损，从而加大各摩擦片及各部件的磨损，降低各部件的寿命。
2）脏油中的油泥积炭会使各阀体油管中的油流动不畅，影响动力传递，从而使自动变速器提速慢或失速，严重时会使某个档位无油压，致使烧片。
3）脏油还会使各缸之间的密封圈过早老化，使各缸卸油压受影响，也会造成提速慢、失速等故障，严重时会使各摩擦片打滑烧片。

2. 自动变速器有泄漏部位的检查

自动变速器一般不会泄漏，但由于使用不当或密封件功能下降，会造成油液泄漏问题，自动变速器油泄漏后，会引起油量不足，造成油压降低，影响换档质量。因此，在日常维护或在一级、二级维护后，都要对自动变速器油是否泄漏进行检查。

常见的泄漏部位：油底壳密封件、液力变矩器后盖及主减速器端、壳体边缘、速度表驱动齿轮组件和壳体上的电子设备线束橡胶密封座。泄漏检查方法如下：

1）将车辆停放在较大的硬纸板上，等待 1～2min，根据硬纸板上的滴油位置确定泄漏部位。
2）仔细检查可疑泄漏组件和它周围的区域，应特别注意衬垫的配合面。

3) 如果还不能发现泄漏,可用清洗剂或溶剂将可疑部位清洗干净,然后让汽车以不同车速行驶一段时间,再检查可疑部位。

4) 对于难以发现的外部泄漏,还可以向可疑泄漏部位喷显像粉,再用紫外线灯照射,可将泄漏处显示出来。

任务二 自动变速器油的更换

定期地更换 ATF 和滤清器可在一定程度上减少自动变速器的故障。ATF 的更换频率取决于自动变速器的工作状态,一般乘用车自动变速器每正常行驶 10 万 ~ 20 万 km 必须更换一次。换油时应采用车辆随车手册上推荐使用的 ATF。不适当的 ATF 会改变自动变速器的换档性能。应该注意,切勿使用齿轮油或机油代替 ATF,否则将造成自动变速器的严重损坏。

1. 自动变速器油的更换步骤

1) 将车辆运行至自动变速器正常工作温度(油温在 70 ~ 80℃),停车后熄火。

2) 拆下自动变速器油底壳上的放油螺塞,使 ATF 全部流入回收装置。对于无放油螺塞的自动变速器,应拧松所有油底壳螺栓,留下三个螺栓,其余全部拆下,先放出部分 ATF,最后再拆下整个油底壳,放出全部 ATF。

3) 拆下油底壳,将油底壳清洗干净。

4) 拆下 ATF 散热器油管接头,用压缩空气将散热器的残余油液吹出,再装好油管接头。

5) 装好油底壳和放油螺塞(拧紧力矩参照维修手册)。

6) 往自动变速器加油管中加入规定牌号的 ATF。

7) 起动发动机(拉上驻车制动器手柄并踩住制动踏板,变速杆置于 P 位或 N 位,再把点火开关转至起动位置)。

8) 检查并修正 ATF 液面高度。注意:若液面高度过高,应通过放油螺塞或加油管处放出多余的 ATF,防止液面过高产生大量泡沫。

2. 注意事项

(1) **ATF 不能错用、混用** 例如不要在使用 ATF WS 的自动变速器上使用 ATF T-Ⅳ,否则无法充分发挥其性能,并影响自动变速器的使用寿命。自动变速器油使用型号在注油塞上有标注。

(2) **严格控制加油量**

1) 自动变速器油量的多少,对其使用性能和使用寿命均有较大影响。若液面低于标准,油泵会吸入空气,导致空气混入油液,降低油压,使各控制阀和执行元件动作失准、操纵失灵;也可能造成离合器、制动器打滑,加速性能变坏和润滑不良等情况。

2) 若液面过高,控制阀体浸泡在 ATF 里,则 ATF 会阻塞液压管路中制动器及离合器的泄油口,泄油不畅,导致离合器和制动器分离不彻底或换档冲击等故障。

另外,要保证散热器工作良好,通风塞必须保持畅通。

一、填空题

1. 自动变速器主要由_____、_____、_____、_____等组成。
2. 自动变速器按照汽车驱动方式的不同,可分为_____和_____。
3. 自动变速器油(ATF)的作用是_____、_____、清洁和冷却。

二、判断题

1. 液力变矩器安装于自动变速器尾端。( )

2. 当自动变速器变速杆位于 P 位时，自动变速器内的锁车爪固定锁车棘轮，将输出轴固定，此时车辆不能移动。（　　）

3. 上坡时，如果坡面较陡，把变速杆从 D 位移到 L 位或 1 位，能够避免损坏自动变速器。（　　）

4. 当自动变速器变速杆位于"2"位时，自动变速器可在 1 档和 2 档自由变换，但无论发动机的转速有多高，自动变速器都不会升至 3 档。（　　）

5. 对于有油尺的自动变速器，在检查液面时，液位应在油尺"HOT"之上。（　　）

6. 自动变速器主要根据车速和节气门开度两个信号来换档。（　　）

三、选择题

1. 自动变速器按照控制方式的不同可分为（　　）（多选）。
   A. 液压控制式　　　B. 前轮驱动式　　　C. 电子控制式　　　D. 后轮驱动式

2. 对于装载在德国大众汽车上的自动变速器"ZF5HP-19"中的"P"代表的含义说法正确的是（　　）。
   A. 代表前驱车型
   B. 代表后驱车型
   C. 代表自动变速器最终靠液压开关执行操作
   D. 代表自动变速器机械传动机构带有行星齿轮机构

3. 档位锁止开关的作用说法正确的是（　　）。
   A. 防止误操作，在行车中避免损坏自动变速器。
   B. R 位时不按下此开关，不能进入 P 及 N 位。
   C. D 位时不按下此开关，不能进入 R 位。
   D. 以上说法都不对。
   E. 缓冲（防止换档冲击）

4. 下列对于 ATF 油质的要求说法正确的是（　　）（多选）。
   A. 要有良好的氧化安定性。
   B. 要有良好的黏温性。
   C. 要有良好的耐磨性。

项目二 液力变矩器检修

一辆新款宝来汽车，装配09G自动变速器，在高速行驶时有间歇抖动现象，于是进入维修厂修理。经过维修技师检测，发动机机械及电控系统工作正常，然后诊断为自动变速器液力变矩器故障。

知识目标	1）归纳液力变矩器的功用
	2）叙述液力变矩器的结构
	3）分析液力变矩器的工作特性
	4）能叙述液力变矩器各组成部件的作用
技能目标	1）按照步骤规范清洗液力变矩器
	2）按照规范正确检查液力变矩器内是否干涉
	3）按照规范检查单向离合器和锁止离合器

一、液力变矩器的功用

液力变矩器是连接发动机输出轴和齿轮变速机构输入轴的一种液力传动装置。它安装在发动机和自动变速器齿轮变速机构之间，其功用是将发动机动力传给齿轮变速机构，增大发动机转矩。

液力变矩器以自动变速器油（ATF）为工作介质，主要完成以下功用。

(1) 传递转矩 发动机的转矩通过液力变矩器的主动元件，再通过ATF传给液力变矩器的从动元件，最后传给自动变速器齿轮变速机构。

(2) 无级变速 根据工况的不同，液力变矩器可以在一定范围内实现转速和转矩的无级变化。

(3) 自动离合 液力变矩器由于采用ATF传递动力，当踩下制动踏板时，发动机也不会熄火，此时相当于离合器分离；当抬起制动踏板时，汽车可以起步，此时相当于离合器接合。

(4) 驱动油泵 ATF在工作的时候需要油泵提供一定的压力，而油泵一般是由液力变矩器壳体驱动的。同时由于采用ATF传递动力，液力变矩器的动力传递柔和，且能防止传动系统过载。

二、液力变矩器的结构

液力变矩器由泵轮、涡轮、导轮三个基本元件组成（图2-1）。

泵轮在液力变矩器壳体内,许多曲面叶片径向安装在内,在叶片的内缘上安装有导环,提供一通道使 ATF 流动畅通。液力变矩器通过驱动端盖与发动机曲轴连接。当发动机运转时,将带动泵轮一同旋转,泵轮内的 ATF 靠离心力向外甩出。发动机转速升高时泵轮产生的离心力也随着升高,由泵轮向外喷射的 ATF 的速度也随着升高。

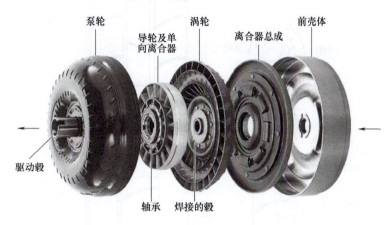

图 2-1　液力变矩器结构图

涡轮内部有与泵轮相似的叶片,其叶片的曲线方向不同于泵轮的叶片,涡轮的叶片与泵轮的叶片相对而设,相互间保持非常小的间隙,涡轮通过花键与自动变速器齿轮变速机构的输入轴相连接。

导轮位于泵轮和涡轮之间,与泵轮和涡轮保持一定的轴向间隙,并通过导轮固定套固定在自动变速器壳体上。

三、液力变矩器的工作原理

发动机运转时带动液力变矩器的壳体和泵轮一同旋转,泵轮内的 ATF 在离心力的作用下,由泵轮叶片外缘冲向涡轮,并沿涡轮叶片流向导轮,再经导轮叶片内缘,形成循环的液流。由于导轮固定不动,因此液流经导轮叶片改变方向后,又重新返回泵轮,完成 ATF 从泵轮→涡轮→导轮→泵轮的工作循环,液力变矩器 ATF 的传动路线如图 2-2 所示。

导轮的作用是改变液流的方向并改变传给涡轮的转矩的大小。为说明原理,可以假想地将液力变矩器的 3 个工作轮叶片从循环流动的液流中心线处剖开并展平,得到图 2-3a 所示的叶片展开示意图。当涡轮转速较低时,经涡轮流向导轮的 ATF 作用在导轮叶片的正面(凹面),如图 2-3b 所示,液流的方向被导轮叶片改变,改变了方向的液流给导轮施加一个转矩,试图使导轮按与泵轮相反的方向转动,但导轮是固定的,因此,导轮将通过液流产生一个反作用转矩,这个转矩起到了帮助涡轮转动的作用。一般液力变矩器的最大输出转矩可达输入转矩的 2.6 倍左右。

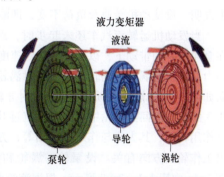

图 2-2　液力变矩器 ATF 的传动路线

当涡轮转速随车速的提高而增大到某一数值时,冲向导轮的 ATF 的方向与导轮叶片之间的夹角减小为 0°。这时导轮将不受 ATF 的冲击作用,液力变矩器只传递转矩不增大转矩。

当涡轮转速继续增加,从涡轮流向导轮的液流作用在导轮叶片的背面(凸面),如图 2-3c 所示,试图使导轮按与泵轮相同的方向转动,但导轮是固定的,导轮通过液流产生的反作用转矩与泵轮传给涡轮的转矩方向相反,作用在涡轮上的转矩为两者之差,液力变矩器输出的转矩比输入的小,传动效率很快降低。图2-3中液流按1→2→3的顺序传导。

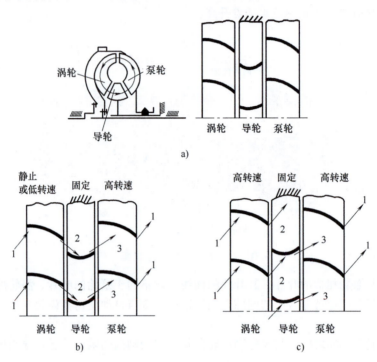

图2-3 液力变矩器工作原理图
a)叶片展开示意图 b)起步或低速时 c)高速时

四、液力变矩器的工作特性

1. 转矩放大特性

将液力变矩器三个工作轮假想地展开,得到泵轮、涡轮和导轮的环形平面图(图2-4)。为便于说明,设发动机转速及负荷不变,即液力变矩器泵轮的转速 n_B 及转矩 M_B 为常数。

当发动机运转而汽车还未起步时,涡轮转速 n_W 为0,如图2-4a所示。自动变速器油(ATF)在泵轮叶片的带动下,以一定的绝对速度沿图2-4a中箭头1的方向冲向涡轮叶片,对涡轮有一作用力,产生绕涡轮轴的转矩。因此时涡轮静止不动,液流则沿着叶片流出涡轮并冲向导轮,其方向如图2-4a中箭头2所示,该液流对导轮产生作用转矩,然后液流再从固定不动的导轮叶片沿箭头3的方向流回到泵轮中。当液流流过叶片时,对叶片作用有冲击转矩,液流此时也受到叶片的反作用转矩,其大小与作用转矩相等,方向相反。作用转矩与反作用转矩的方向及大小与液流进出工作轮的方向有关。设泵轮、涡轮和导轮对液流的作用转矩分别为 M_B、M_W 和 M_D,方向如图2-4a中箭头1、2、3所示。根据液流受力平衡条件,三者在数值上满足关系式 $M_W = M_B + M_D$,即涡轮转矩等于泵轮转矩与导轮转矩之和。显然,此时涡轮转矩 M_W 大于泵轮转矩 M_B,即液力变矩器起到了增大转矩的作用。

当液力变矩器输出的转矩,经传动系统传到驱动车轮上所产生的牵引力足以克服汽车起步阻力时,汽车即起步并开始加速,与之相连的涡轮转速 n_W 也从0起逐渐增加。设液流沿叶片方向流动的相对速度为 w,沿圆周方向运动的牵连速度为 u,设泵轮转速不变,即液流在涡轮出口处的相对速度不变,如图 2-4b 所示,冲向导轮叶片的液流的绝对速度 v 将随牵连速度 u 的增大而逐渐向左倾斜,使导轮上所受转矩值逐渐减小,即液力变矩器的转矩放大作用随之减小。

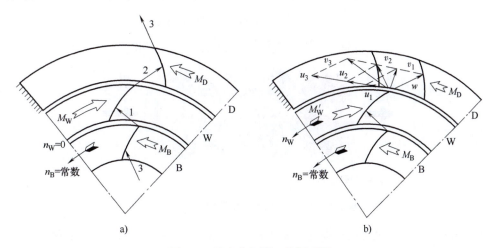

图 2-4 液力变矩器工作原理图
a) $n_W = 0$ 时 b) $n_W \neq 0$ 时

2. 耦合工作特性

当涡轮转速增大到泵轮转速的 90% 时,由涡轮流出的液流正好沿导轮出口方向冲向导轮,由于液体流经导轮时方向不变,故导轮转矩 M_D 为 0,即涡轮转矩与泵轮转矩相等,$M_W = M_B$,处于耦合工作状态。

若涡轮转速继续增大,液流绝对速度方向继续向左倾斜,冲击导轮叶片的反面,导轮转矩方向与泵轮转矩方向相反,若导轮仍然固定不动,则涡轮转矩 $M_W = M_B - M_D$,即液力变矩器输出转矩反而比输入转矩小。为此,绝大多数液力变矩器在导轮机构中增设了单向离合器,也称自由轮机构。单向离合器在液力变矩器中起单向导通的作用,当涡轮与泵轮转速差较大时,单向离合器处于锁止状态,导轮不能转动。涡轮转速升高到一定程度后,单向离合器导通,即导轮空转,液力变矩器不能改变输出转矩,液力变矩器进入耦合工作区。

随着涡轮转速的逐渐提高,涡轮输出的转矩逐渐下降,而且这种变化是连续的。同样,如果涡轮上的负荷增加了,涡轮的转速将下降,而涡轮输出的转矩增加正好适应负荷的增加。

可以把液力变矩器的工作过程概括为两个工况,一是变矩,另一个是耦合。当泵轮与涡轮转速相差较大,或者说在低速区时,液力变矩器实现变矩(增矩);当涡轮转速达到泵轮转速的 85%~90%,或者说在高速区时,液力变矩器实现耦合传动,即输出(涡轮)转矩等于输入(泵轮)转矩。

3. 失速特性

液力变矩器失速状态是指涡轮因负荷过大而停止转动,但泵轮仍保持旋转的现象,此时液力变矩器只有动力输入而没有输出,全部输入能量都转化成热能,因此液力变矩器中的油液温度急剧上升,会对液力变矩器造成严重危害。失速点转速是指涡轮停止转动时的液力变矩器输入转速,该转速大小取决于发动机转矩、液力变矩器的尺寸和导轮、涡轮的叶片角度。

4. 锁止特性

带锁止离合器的液力变矩器可以提高传动效率,改善经济性。它可以实现液力变矩器传动和机械直接传动两种工况,把两者的优点结合于一体。

带锁止离合器的液力变矩器主要由泵轮、涡轮、导轮及带扭转减振器的锁止离合器等组成，如图2-5所示。

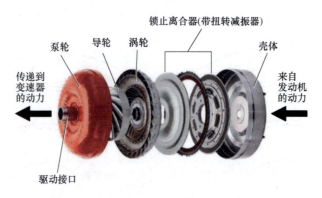

图2-5　带锁止离合器的液力变矩器的组成

当汽车低速行驶时，液力变矩器处于变矩工况。此时电控单元控制锁止电磁阀断电，ATF经自动变速器输入轴中心油道进入锁止活塞前部，在油压的作用下，锁止活塞向后移动，锁止离合器处于分离状态，如图2-6a所示（图中箭头表示ATF流向），此时动力传递路线：发动机→液力变矩器壳体→泵轮→涡轮→自动变速器输入轴。

当汽车高速行驶时，液力变矩器转换成液力耦合工况。此时，电控单元控制锁止电磁阀通电，液压控制系统中流向液力变矩器的ATF流向改变，锁止活塞左侧的ATF经锁止电磁阀油道由泄油口排出，油压降低，而右侧油压仍为液力变矩器油压，锁止活塞在左右两侧压力差作用下前移并压靠在液力变矩器壳体前盖上，锁止离合器处于接合状态，如图2-6b所示。此时动力传递路线：发动机→液力变矩器壳体→锁止离合器→涡轮→自动变速器输入轴。

锁止离合器接合便将涡轮与泵轮接合成一体，液力变矩器中的ATF不再作为传力介质，发动机输入的动力直接传递到自动变速器输入轴，提高了液力变矩器的传动效率。

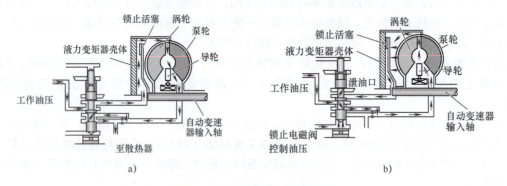

图2-6　锁止离合器工作原理图
a）锁止离合器分离　b）锁止离合器接合

电控自动变速器必须同时满足以下五个方面的条件，ECU才能令锁止离合器进入锁止工况。
1）发动机冷却液温度不得低于53~65℃（因车型而异）。
2）自动变速器处于行驶档（N位和P位不能锁止）。
3）制动灯必须指示没有进行制动。
4）车速必须高于37~65km/h（因车型而异，大部分自动变速器在3档进入锁止工况，少数自动变速器在2档时进入锁止工况）。

项目二　液力变矩器检修　　17

5）来自节气门开度传感器的信号，必须高于最低电压，以指示节气门处于开启状态。

 项目实施

工具准备：需要的工具、设备明细详见表2-1。

表2-1　工具、设备明细

件号	名称	型号及规格	数量
1	实训车辆		4辆
2	自动变速器油（ATF）		4桶
3	百分表		4块
4	气枪		4把

任务一　液力变矩器的检修

乘用车自动变速器的液力变矩器壳体都是采用焊接式的整体结构，不可分解。液力变矩器内部除了导轮的单向离合器和锁止离合器压盘之外，没有互相接触的零件，因此液力变矩器的维修工作主要是清洗和检查。

1. 液力变矩器的检查

1）检查液力变矩器外部有无损坏和裂纹、轴套外圆有无磨损、驱动油泵的轴套缺口有无损伤。如有异常，应更换液力变矩器。

2）将液力变矩器安装在发动机飞轮上，用百分表检查液力变矩器轴套的偏摆量（图2-7）。如果在飞轮转动一周的过程中，百分表指针偏摆大于0.03mm，则应采用转换一个角度重新安装的方法予以校正，并在校正后的位置上作一标记，以保证安装正确。若无法校正，应更换液力变矩器。

3）检查导轮的单向离合器。将单向离合器内座圈驱动杆（专用工具）插入液力变矩器中（图2-8a）；将单向离合器外座圈固定器（专业工具）插入液力变矩器中，并卡在轴套上的油泵驱动缸口内（图2-8b）；转动

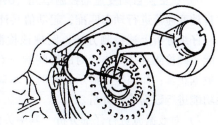

图2-7　液力变矩器轴套偏摆量的检查

驱动杆，检查单向离合器工作是否正常。在逆时针方向上单向离合器应能锁止，顺时针方向上应能自由转动。如有异常，则说明单向离合器损坏，应更换液力变矩器。

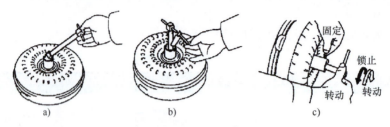

图 2-8　导轮单向离合器的检查

2. 液力变矩器的清洗

当自动变速器曾有过热现象或 ATF 被污染后，应清洗液力变矩器。

1）倒出液力变矩器中残留的 ATF。

2）向液力变矩器中加入干净的 ATF，摇动液力变矩器，以清洗其内部，然后将 ATF 倒出。

3）再次向液力变矩器内加入干净的 ATF，清洗后倒出。

4）用清洗剂清洗液力变矩器零部件，只能用压缩空气吹干，不要用车间纸巾或棉丝布擦干。

5）用压缩空气吹所有的供油孔或油道，确保清洁。

任务二　液力变矩器的故障分析

某新款宝来 09G 自动变速器液力变矩器锁止离合器出现抖动故障。

1. 故障现象

车辆以 50~80km/h 的速度行驶时，间歇抖动。车辆在行驶过程中，匀速加速时在 50~80km/h 车速范围内换档有明显的耸车现象，在制动降档时故障也比较明显。

2. 故障分析及诊断

1）经过询问客户车辆维修历史及调阅信息，证明该车维护正常。

2）经路试分析该车故障，属于换档冲击。

3）使用 VAS6150B 诊断系统检查发动机控制单元、自动变速器控制单元存储器、网关列表，均未发现故障码。使用 VAS6150B 诊断系统测量自动变速器各传感器到控制单元的线束，阻值在正常范围。

4）使用 VAS6150B 诊断系统引导性功能导航对发动机控制单元与进气歧管翻板进行匹配；对节气门控制单元进行匹配；对强制降档开关进行匹配；使用 T10173 调整多功能开关 F125。

5）读取自动变速器各数据组都在正常范围之内；读取发动机控制单元数据组 01-08-32 组数据为 0.0%、0.0%。

6）试更换自动变速器控制单元（09G 927 750 GN）和滑阀箱（09G 325 039 D），故障未排除。对自动变速器进行动态匹配，起动值共计做了 3 次（匹配时的动作），故障没有排除。

仔细分析上述检测方法，发现该检测方法存在问题：若运用引导性功能，则数据反应滞后，不能正确检测到故障出现时的瞬间响应数据，即当故障出现时，数据由于变化滞后，在屏幕上显示数据正常；而当数据显示异常时，车辆运行正常。因此，这种瞬间的间歇性故障，不能用引导性功能进行数据检测分析。

7）对数据流进行仔细分析，其中关键数据是进入 02-08-004 和 02-08-006 数据组观测第三区和第四区。经过反复观察分析，该故障出现时，02-08-004 数据组的第四区实际档位是 4S 或 5S，

项目二　液力变矩器检修

即只有在4S或5S时才会出现故障。02-08-004数据组第四区显示在4S或5S档位时，观测02-08-006数据组第四区（锁止离合器滑脱数），当出现故障时，滑脱数有时出现100～500r/min，有时出现80～190r/min。该数据变化急剧，而正常的液力变矩器锁止离合器滑脱数应是渐变的，这是问题的关键所在。在故障出现的瞬间，观察到发动机转速表指针也会随着滑脱数的变化而上下跳动。根据以上分析：故障是在4S和5S状态时，液力变矩器锁止离合器引起的抖动故障。

从理论上讲，09G自动变速器的前进档，每个档位都有H、S、M三个状态，从数据组可以看出，1档有1H、1S、1M状态，2档有2H、2S、2M状态等，H是指液力耦合状态，即锁止离合器完全打开；S指锁止离合器控制状态，即锁止离合器由N91电磁阀占空比控制锁止的过渡过程；M指锁止离合器锁止关闭状态，即锁止离合器完全接合。从实际控制过程看，虽然理论上每个档位都有H、S、M三个状态，但车辆实际运行过程中，H、S、M三个状态不是在每个档位都实际出现的。在正常驾驶车辆的过程中，在数据流上读不到1S、1M和2S、2M。因为此时车辆处于起步状态，负荷非常大，从发动机传到液力变矩器泵轮的转速和涡轮的转速相差太大，即滑脱数太大，自动变速器控制单元不会发出控制锁止离合器锁止的指令，所以实际运行过程中读不到1、2档的S和M状态。同理，3档也是负荷较大的状态，在正常驾驶情况下，也读不到S和M状态。在特殊试车情况下，3档可能出现S和M状态。这就是该车正常驾驶过程中1、2、3档感觉不到抖动故障发生的原因。当车辆运行到4档和5档时，车速越来越快，负荷相对起步状态大大减小，泵轮转速和涡轮转速的滑转数相对减少，此时，自动变速器控制单元发出控制锁止离合器锁止的指令，以占空比信号控制N91电磁阀逐渐加大滑阀箱锁止离合器油路的油压，从而实现锁止的过渡过程。在4S和5S状态下，过渡过程应较长，以实现平顺性，避免冲击。该车故障现象，正是发生在4S和5S状态。当车辆运行到6档时，由于车辆已高速运行，在数据流上可以看出，由6H状态迅速进入6M锁止离合器关闭状态，6S状态一闪而过，即液力变矩器锁止离合器的占空比控制锁止的过渡过程非常短暂，这就是在6档时几乎感觉不到抖动现象的原因。

通过以上综合分析，确认是液力变矩器锁止离合器导致故障发生。

3. 故障排除

更换液力变矩器、ATF、滤网、油底壳垫后，便可排除此故障。

一、填空题

1. 液力变矩器以_____为工作介质。
2. 液力变矩器工作轮中，_____是主动轮，_____是从动轮。
3. 液力变矩器在导轮机构中增设了_____，起单向导通的作用。
4. 液力变矩器的三个工作轮为_____、_____、_____。
5. 带锁止特性的液力变矩器包括三个工作轮和_____、_____。

二、判断题

1. 液力变矩器在一定范围内，能自动地、无级地改变传动比和转矩比。　　　　（　　）
2. 液力变矩器在正常工作时，泵轮转速总是小于涡轮转速。　　　　　　　　　（　　）
3. 只有当泵轮与涡轮的转速相等时，液力变矩器才能起传动作用。　　　　　　（　　）
4. 液力变矩器既可以传递转矩，又可以改变转矩。　　　　　　　　　　　　　（　　）
5. 液力变矩器之所以能起变矩作用，是由于在结构上比液力耦合器多一个固定不动的导轮。
　　　　　　　　　　　　　　　　　　　　　　　　　　　　　　　　　　　（　　）
6. 当液力变矩器涡轮转速增大到与泵轮转速相等时，液力变矩器的输出转矩增大。（　　）
7. 液力变矩器的导轮通过单向离合器安装在油泵轴上。　　　　　　　　　　　（　　）

8. 当汽车在良好路面上高速行驶时，液力变矩器中的锁止离合器接合，使液力变矩器的输入轴和输出轴成为刚性连接，即转为机械传动。（　　）

三、选择题

1. 液力变矩器中的泵轮与（　　）部件刚性连接。
   A. 涡轮　　　　　　B. 导轮　　　　　　C. 行星齿轮　　　　D. 飞轮
2. 自动变速器的油泵，一般由（　　）驱动。
   A. 液力变矩器壳体　　B. 泵轮　　　　　　C. 自动变速器壳体　D. 导轮
3. 液力变矩器部件中，驱动自动变速器输入轴的是（　　）。
   A. 导轮　　　　　　B. 泵轮　　　　　　C. 涡轮　　　　　　D. 液力变矩器壳体
4. 下列哪个部件使油液冲击涡轮？（　　）。
   A. 导轮　　　　　　B. 涡轮　　　　　　C. 泵轮　　　　　　D. 自动变速器油泵
5. 随着涡轮转速的提高，其转矩逐渐减小，当涡轮转速等于0时，涡轮转矩（　　），效率为0。
   A. 最大　　　　　　B. 最小　　　　　　C. 为0　　　　　　D. 中等偏大
6. 液力变矩器的作用是传递并增大发动机的（　　）。
   A. 转速　　　　　　B. 功率　　　　　　C. 传动比　　　　　D. 转矩
7. 液力变矩器（　　）。
   A. 功能与手动变速器车辆的离合器类似　　B. 依靠液体压力连接发动机与自动变速器
   C. 驱动自动变速器输入轴　　　　　　　　D. 以上三个都正确
8. 在自动变速器中，液力变矩器的泵轮和涡轮转速差值越大时，则（　　）。
   A. 输出转矩越大　　　　　　　　　　　　B. 输出转矩越小
   C. 效率越高　　　　　　　　　　　　　　D. 输出功率越大
9. 液力变矩器的锁止电磁阀的作用是当车速升到一定值后，控制油液把（　　）锁为一体。
   A. 泵轮和导轮　　　　　　　　　　　　　B. 泵轮和涡轮
   C. 泵轮和单向离合器　　　　　　　　　　D. 涡轮和导轮

项目三 行星齿轮传动系统检修

项目描述

一辆 PASSAT B5 汽车，装配 01N 型 4 档自动变速器，行驶 10 万 km，发现该车倒档工作异常无法倒车，而其他档位工作均正常。进入维修厂进行修理，维修技师首先进行无倒档故障诊断与排除。

学习目标

知识目标	1）归纳单排行星齿轮机构及双排行星齿轮机构的运动规律
	2）叙述单排行星齿轮机构及双排行星齿轮机构的动力传递
	3）叙述换档执行元件的结构组成和工作原理
	4）叙述常见类型自动变速器齿轮变速机构的结构
技能目标	1）按照规范正确拆装自动变速器
	2）按照规范正确检查自动变速器行星齿轮机构
	3）排除行星齿轮机构常见故障

知识准备

一、单排行星齿轮机构

行星齿轮系统结构比较复杂，通常由行星齿轮机构和换档执行元件组成。行星齿轮机构的主要作用是改变传动比和传动方向，即构成不同的档位。换档执行元件的作用是实现档位的变换。

1. 单排行星齿轮机构的结构

单排行星齿轮机构是由一个太阳轮、一个带有两个或多个行星齿轮的行星齿轮架（行星架）和一个齿圈组成的，称为一个行星排，如图 3-1 所示。

行星齿轮机构中的太阳轮、齿圈及行星架有一个共同的固定轴线，行星齿轮支承在固定于行星架的行星齿轮轴上，并同时与太阳轮和齿圈啮合。当行星齿轮机构运转时，空套在行星架上的行星齿轮轴上的几个行星齿轮一方面可以绕自己的轴线旋转，另一方面又可以随行星架一起绕太阳轮旋转，兼有自转和公转两种运动状态。在行星排中，具有固定轴线的太阳轮、齿圈和行星架称为行星排的三个基本元件。

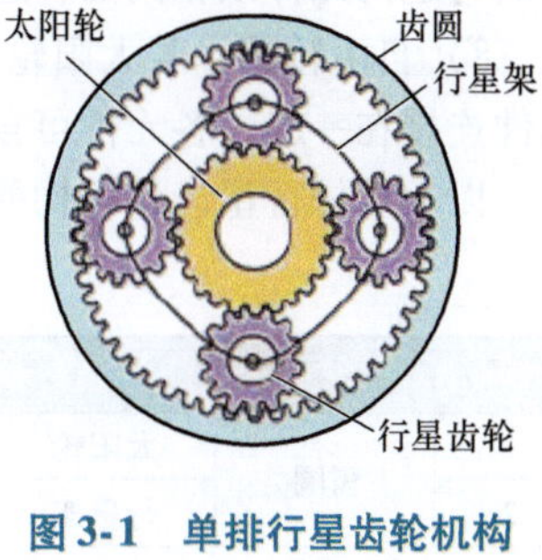

图 3-1 单排行星齿轮机构

2. 单排行星齿轮机构的变速原理

由于单排行星齿轮机构有两个自由度,因此它没有固定的传动比,不能直接用于变速传动。所以必须将太阳轮、齿圈和行星架这三个基本元件中的一个固定,或使其运动受到一定的约束,或将某两个基本元件互相连接在一起(两者转速相同),使行星排变为只有一个自由度的机构,从而获得确定的传动比。图 3-2 为行星齿轮机构的传动简图。

设太阳轮的齿数为 z_1,齿圈齿数为 z_2,太阳轮、齿圈和行星架的转速分别为 n_1、n_2、n_3,并设齿圈和太阳轮的齿数比为 α,即 $\alpha = z_2/z_1$。则行星齿轮机构的一般运动规律为

$$n_1 + \alpha n_2 - (1+\alpha) n_3 = 0 \qquad (3\text{-}1)$$

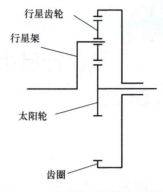

图 3-2 行星齿轮机构传动简图

由式(3-1)得出,不同的连接和固定方案可得到不同的传动比,三个基本元件可得到 6 种不同的组合方案,加上直接档传递和空档,共有 8 种组合。

1)齿圈固定,太阳轮主动,行星架从动($n_2 = 0$):

传动比为 $i_{13} = \dfrac{n_1}{n_3} = 1 + \alpha$,此时为前进减速档(1 档减速档),减速传动。

2)齿圈固定,行星架主动,太阳轮从动($n_2 = 0$):

传动比为 $i_{31} = \dfrac{n_3}{n_1} = \dfrac{1}{1+\alpha}$,此时为前进超速档(1 档超速档),增速传动。

3)太阳轮固定,齿圈主动,行星架从动($n_1 = 0$):

传动比为 $i_{23} = \dfrac{n_2}{n_3} = \dfrac{1+\alpha}{\alpha}$,此时为前进减速档(2 档减速档),减速传动。

4)太阳轮固定,行星架主动,齿圈从动($n_1 = 0$):

传动比为 $i_{32} = \dfrac{n_3}{n_2} = \dfrac{\alpha}{1+\alpha}$,此时为前进超速档(2 档超速档),增速传动。

5)行星架固定,太阳轮主动,齿圈从动($n_3 = 0$):行星架固定,行星齿轮只能自转,太阳轮经行星齿轮带动齿圈旋转输出动力,齿圈的旋转方向与太阳轮相反。

传动比为 $i_{12} = \dfrac{n_1}{n_2} = -\alpha$,此时为倒档减速档。

6)行星架固定,齿圈主动,太阳轮从动($n_3 = 0$):行星架固定,行星齿轮只能自转,齿圈经行星齿轮带动太阳轮旋转输出动力,太阳轮的旋转方向与齿圈相反。

传动比为 $i_{21} = \dfrac{n_2}{n_1} = -\dfrac{1}{\alpha}$,此时为倒档超速档。

7)直接传动时,传动比为 $i = 1$:若三个基本元件中的任意两元件被连接在一起,则第三元件必然与这两元件以相同的转速、相同的方向转动。

8)自由转动:若太阳轮、齿圈和行星架三个基本元件中所有元件均不受约束,且也无任何两元件连接在一起,各元件可自由转动,则行星齿轮机构失去传动作用,此种状态相当于空档。

以上单排行星齿轮机构的运动规律见表 3-1。

表 3-1 单排行星齿轮机构的运动规律

序号	固定件	主动件	从动件	传动比	输出转速	转矩	相当于传动档
1	齿圈	太阳轮	行星架	$1+\alpha > 1$	下降	增大	1 档减速档
2	齿圈	行星架	太阳轮	$1/(1+\alpha) < 1$	上升	减小	1 档超速档

(续)

序号	固定件	主动件	从动件	传动比	输出转速	转矩	相当于传动档
3	太阳轮	齿圈	行星架	$(1+\alpha)/\alpha > 1$	下降	增大	2档减速档
4		行星架	齿圈	$\alpha/(1+\alpha) < 1$	上升	减小	2档超速档
5	行星架	太阳轮	齿圈	$-\alpha$	下降	增大	倒档减速档
6		齿圈	太阳轮	$-1/\alpha$	上升	减小	倒档超速档
7	无	任意两个	另一个	1	相等	相等	直接档
8	所有元件都不受约束						空档

单排行星齿轮机构的变速范围有限,不能满足汽车的实际需要,因此实际应用中的行星齿轮机构都是由多排行星齿轮组成的,传动比可根据单排行星齿轮机构的运动方程式来推导。常用的多排行星齿轮机构有辛普森式行星齿轮机构和拉维娜式行星齿轮机构两种。

二、双排行星齿轮机构

1. 组成

双排行星排齿轮机构如图 3-3 所示,由太阳轮、齿圈和带有内、外行星齿轮的行星架组成。

2. 运动规律

设太阳轮、齿圈和行星架的转速分别为 n_1、n_2 和 n_3,太阳轮和齿圈的齿数分别为 z_1、z_2,齿圈与太阳轮的齿数比为 α ($\alpha = z_2/z_1$),则其运动规律为

$$n_1 - \alpha n_2 + (\alpha - 1)n_3 = 0 \tag{3-2}$$

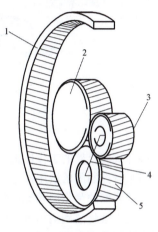

图 3-3 双排行星齿轮机构
1—齿圈 2—太阳轮 3—内行星齿轮
4—行星架 5—外行星齿轮

3. 动力传递

对双排行星齿轮机构的运动分析同单排行星齿轮机构。

三、换档执行元件

换档执行元件由离合器、制动器和单向离合器三种执行元件组成,它的作用是连接、固定和锁止。连接是指将行星齿轮机构的输入轴与行星排中的某个基本元件连接,以传递动力,或将前一个行星排的某个基本元件与后一个行星排的某个基本元件连接,以约束这两个基本元件的运动。固定是将行星排的某个基本元件与自动变速器的壳体连接,以便固定住它,使其不能旋转。锁止是把某个行星排的三个基本元件中的两个连接在一起,从而将该行星排锁止,使某三个基本元件以相同的转速一同旋转,产生直接传动。

1. 离合器

离合器的作用是连接,其连接方式有两种:一是将行星排的某个基本元件与行星齿轮机构的输入轴连接,使之成为主动元件;二是将行星排的两个基本元件连接在一起,使之成为一个整体,以实现直接传动。当前应用较多的是多片湿式离合器,用液压来控制其接合和分离。

多片式离合器由离合器鼓、离合器活塞总成、回位弹簧总成、钢片、摩擦片、波形圈、离合器毂、挡圈及卡环等组成,如图 3-4 所示。

离合器活塞总成包括活塞和密封圈,安装在离合器鼓内,和离合器鼓一起形成封闭的环状液压缸,并通过离合器内的圆轴颈上的进油孔和控制油道相通。摩擦片和钢片交替排列,两者统称为离合器片。钢片的外花键齿安装在离合器鼓的内花键齿圈上,可沿齿圈键槽轴向移动;摩擦

由其内花键齿和离合器毂的外花键齿连接,也可沿键槽轴向移动。摩擦片的两面均为摩擦因数较大的铜基粉末冶金层或合成纤维层。

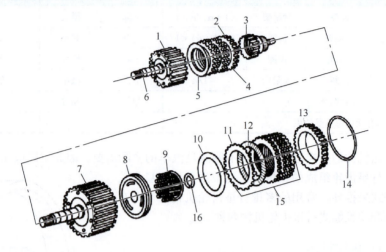

图 3-4　多片式离合器

1、7—离合器鼓　2、13—挡圈　3—离合器毂　4、11—钢片　5、10—波形圈　6—输入轴
8—离合器活塞总成　9—回位弹簧总成　12—摩擦片　14、16—卡环　15—离合器片

多片式离合器的工作原理如图 3-5 所示。

当来自控制阀的液压油进入离合器液压缸时,来自离合器活塞左侧的液压油的压力推动活塞,克服回位弹簧的弹力而移动,将所有的钢片和摩擦片相互压紧在一起,离合器接合产生摩擦力,动力从输入轴传递到输出轴,如图 3-5a 所示。

当作用在离合器液压缸内的液压油的压力解除后,离合器活塞又在回位弹簧的作用下压回液压缸底部,并将液压缸内的液压油从进油孔排出,钢片和摩擦片之间无任何轴向压紧力,离合器分离,如图 3-5b 所示。此时摩擦片和钢片之间有一定的轴向间隙,这一间隙称为离合器的自由间隙,其大小可通过挡圈的厚度来调整,其间隙的标准值一般为 0.5~2.0mm。

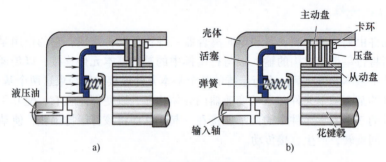

图 3-5　多片式离合器的工作原理
a) 结合状态　b) 分离状态

为了防止离合器分离状态下钢片和摩擦片因相互接触摩擦产生磨损,影响离合器的使用寿命,在离合器活塞或离合器鼓的缸壁面上设置了一个安全阀(图 3-6)。

当液压油进入液压缸时,钢球在油压的推动下压紧在阀座上,安全阀处于关闭状态,保证液压缸的密封。

当液压缸内的油压被释放后,安全阀钢球在离心力作用下离开阀座处于开启状态,残留在缸内的液压油因离心力作用从安全阀的泄油通道流出,以保证离合器彻底分离。

项目三　行星齿轮传动系统检修

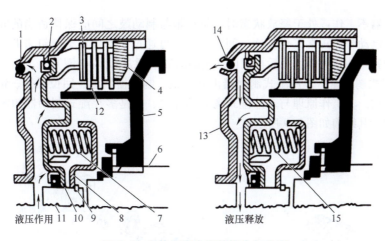

图 3-6　多片式离合器的接合与分离

1—封闭的安全阀　2—油封　3—钢片　4—压板　5—离合器毂　6—输出轴
7—压缩的回位弹簧　8—弹簧支座　9—卡环　10—活塞　11—输入轴
12—摩擦片　13—离合器鼓　14—打开的安全阀　15—伸展的回位弹簧

2. 制动器

制动器的作用是将行星齿轮机构中的太阳轮、齿圈和行星架这三个基本元件之一与自动变速器的壳体相连，使该元件被约束固定而不能转动。目前常见的是带式制动器和多片湿式制动器。

（1）带式制动器　带式制动器是利用围绕在制动鼓周围的制动带收缩而产生制动效果的一种制动器。带式制动器又称为制动带，主要由制动鼓、制动带、工作油路、活塞、活塞杆和调整螺钉等组成，其结构如图 3-7 所示。

当控制制动的液压油进入液压缸的施压腔时，在液压油压力的推动下，活塞克服回位弹簧的弹力而移动，带动活塞杆向外伸出，使制动带箍紧在制动鼓上，因而制动鼓被固定住而不能旋转，此时制动器处于制动状态。当制动器处于制动状态且有液压油进入液压缸的释放腔时，由于释放腔一侧的活塞面积大于施压腔一侧的活塞面积，释放腔一侧的压力大于施压腔一侧的压力，活塞在这一压力差及回位弹簧弹力的共同作用下后移，活塞杆随之回缩，制动带被放松，此时制动器处于释放状态（非制动状态），其工作原理如图 3-8 所示。

图 3-7　带式制动器结构

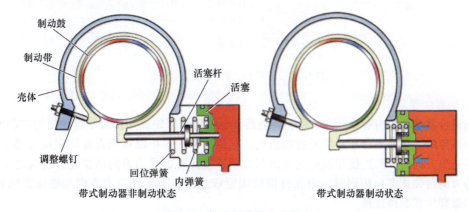

图 3-8　带式制动器工作原理

当带式制动器不工作或处于释放状态时，制动带与制动鼓之间应保持适当的间隙，间隙太大或太小都会影响制动带的正常工作。这一间隙的大小可通过制动带调整螺钉来调整。装复时，一般将螺钉向内拧紧至一定力矩，然后再退回规定的圈数（通常为2～3圈）。

（2）多片湿式制动器 多片湿式制动器由制动鼓、制动器活塞、回位弹簧、钢片、摩擦片及制动毂等部件组成。其工作原理与多片湿式离合器相同，但是多片湿式制动器的制动鼓固定在自动变速器壳体上，其结构如图3-9所示。

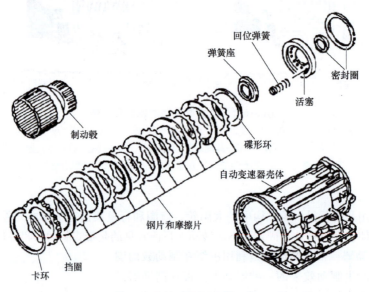

图3-9 多片湿式制动器结构

当制动器不工作时，摩擦片与钢片之间留有间隙，没有压力，制动毂可以自由转动。当制动器工作时，来自控制阀的液压油进入制动毂内的液压缸中，油压作用在制动器活塞上，推动活塞使制动器摩擦片和钢片压紧在一起，与行星排某一元件连接的制动毂被固定而不能旋转，多片湿式制动器工作原理如图3-10所示。

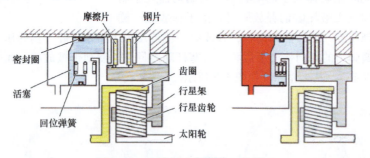

图3-10 多片湿式制动器工作原理

3. 单向离合器

单向离合器又称单向啮合器或自由轮离合器，也是用来固定或连接行星齿轮机构中的太阳轮、齿圈和行星架的。单向离合器不需要控制机构，它依靠单向锁止原理来发挥固定或连接作用，转矩的传递是单方向的，其连接和固定完全由与之相连接元件的受力方向所决定，当与之相连接元件的受力方向与锁止方向相同时，该元件即被固定或连接；当元件受力方向与锁止方向相反时，该元件即被释放或脱离连接。

常见的单向离合器有楔块式和滚柱式两种结构形式。

楔块式单向离合器如图3-11所示，由内座圈、外座圈、楔块、保持架等组成。导轮与外座圈连为一体，内座圈与固定套管刚性连接，不能转动。当导轮带动外座圈逆时针转动时，外座圈带动楔块逆时针转动，楔块的短径与内、外座圈接触，如图3-11a所示，由于短径长度小于内、外座圈之间的距离，所以外座圈可以自由转动。当导轮带动外座圈顺时针转动时，外座圈带动楔块顺时针转动，楔块的长径与内、外座圈接触，如图3-11b所示，由于长径长度大于内、外座圈之间的距离，所以外座圈被卡住而不能转动。

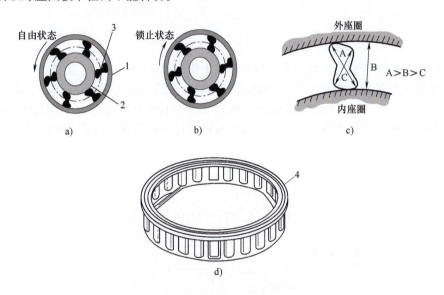

图3-11 楔块式单向离合器
a）自由状态 b）锁止状态 c）楔块结构 d）实物图
1—外座圈 2—内座圈 3—楔块 4—保持架

滚柱式单向离合器如图3-12所示，由内座圈、外座圈、滚柱、叠片弹簧等组成。当导轮带动外座圈顺时针转动时，滚柱进入楔形槽的宽处，内、外座圈不能被滚柱楔紧，外座圈和导轮可以顺时针自由转动。当导轮带动外座圈逆时针转动时，滚柱进入楔形槽的窄处，内、外座圈被滚柱楔紧，外座圈和导轮固定不动。

尤其需要注意的是单向离合器装配时不能装反，否则会改变其锁止方向，使行星齿轮机构不能正常工作。

四、典型行星齿轮系统

辛普森式行星齿轮系统由行星齿轮机构及换挡执行元件组成。辛普森式行星齿轮机构采用的是双排行星齿轮机构，如图3-13所示。

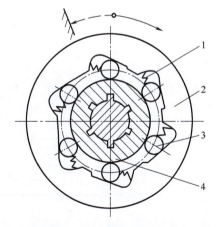

图3-12 滚柱式单向离合器
1—叠片弹簧 2—外座圈 3—滚柱 4—内座圈

其结构特点是：前、后两个行星排的太阳轮连接在一起，形成前后太阳轮组件。前排行星架和后排齿圈连成一体，形成前排行星架和后排齿圈组件，输出轴通常与该组件相连。该行星齿轮机构有前排齿圈、前后太阳轮组件、后排行星架及前排行

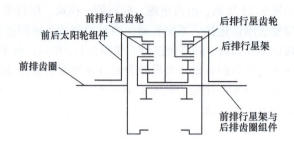

图3-13 辛普森式行星齿轮机构

星架与后排齿圈组件4个独立元件（前排或后排以下简称前或后）。

3档辛普森式行星齿轮机构有5个换档执行元件：倒档及高档离合器（C_1）、前进档离合器（C_2）、2档制动器（B_1）、低档及倒档制动器（B_2）、低档单向离合器（F_1）。它们共同组成一个具有3个前进档和1个倒档的变速系统。其结构及各换档执行元件的布置形式分别如图3-14、图3-15所示。

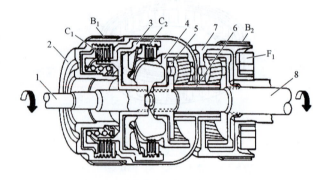

图3-14 3档辛普森式行星齿轮机构结构

1—输入轴 2—倒档及高档离合器鼓 3—前进档离合器鼓和倒档及高档离合器鼓 4—前进档离合器毂和前齿圈
5—前行星架和低档及高档制动器鼓 6—前后太阳轮组件 7—后行星排 8—输出轴 C_1—倒档及高档离合器
C_2—前进档离合器 B_1—2档制动器 B_2—低档及倒档制动器 F_1—低档单向离合器

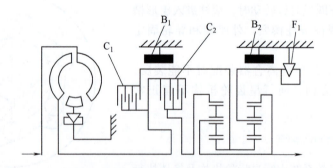

图3-15 3档辛普森式行星齿轮机构各换档执行元件的布置形式

C_1—倒档及高档离合器 C_2—前进档离合器 B_1—2档制动器
B_2—低档及倒档制动器 F_1—低档单向离合器

行星齿轮机构各档执行元件的工作情况见表3-2。

表 3-2　行星齿轮机构各档执行元件的工作情况

变速杆位置	档位	变速执行元件				
		C_1	C_2	B_1	B_2	F_1
D	1 档		●			●
D	2 档		●		●	
D	3 档	●	●			
R	倒档	●			●	
S, L 或 2, 1	1 档		●			●
S, L 或 2, 1	2 档		●	●		

注:"●"表示接合、制动或锁止。

五、四速行星齿轮系统

1. 丰田 A341E 自动变速器

（1）**丰田 A341E 自动变速器结构**　丰田 A341E 自动变速器采用辛普森式行星齿轮机构，共有 3 个行星排，其结构如图 3-16 所示。超速行星排只有在超速档时起作用，后面两排行星齿轮在 1～3 档时起作用。

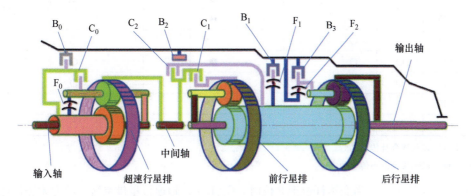

图 3-16　A341E 自动变速器的结构

行星齿轮系统由行星齿轮机构和换档执行元件组成，A341E 自动变速器由 3 个行星排和 10 个换档执行元件组成，其换档执行元件名称、符号及作用见表 3-3。

表 3-3　A341E 自动变速器的换档执行元件名称、符号及作用

序号	执行元件名称	符号	作　　用
1	直接档离合器	C_0	连接超速行星排行星架和太阳轮
2	前进档离合器	C_1	将输入轴与前齿圈连接
3	高档与倒档离合器	C_2	将输入轴与前后太阳轮组件连接
4	超速档制动器	B_0	固定超速行星排的太阳轮
5	2 档制动器	B_1	与 2 档单向离合器（F1）串联并固定 F1 外圈
6	2 档强制制动器	B_2	固定前后太阳轮组件
7	低档与倒档制动器	B_3	固定后行星架

（续）

序号	执行元件名称	符号	作　用
8	超速档单向离合器	F_0	阻止超速行星排太阳轮和行星架转动
9	2档单向离合器	F_1	B_2 工作时，单向锁止前后太阳轮组件
10	1档单向离合器	F_2	与 B_3 并联，单向锁止后行星架

（2）**丰田 A341E 自动变速器各档动力传递路线**　要分析各档动力传动路线，必须首先掌握各执行元件在各档位的工作状态，丰田 A341E 自动变速器的执行元件工作情况见表3-4。

表 3-4　丰田 A341E 自动变速器的执行元件工作情况

位置	档位	C_0	C_1	C_2	B_0	B_1	B_2	B_3	F_0	F_1	F_2
P	驻车	○									
R	倒档	○		○				○	○		
N	空档	○									
D	1档	○	○						○		○
D	2档	○	○			○			○	○	
D	3档	○	○	○		●			○	○	
D	4档		○	○	○	●				○	
2	1档	○	○						○		○
2	2档	○	○			●	○		○	○	
2	3档	○	○	○		●			○	○	
L	1档	○	○					○	○		○
L	2档	○	○			○			○	○	

注：1. "○" 表示接合且传递动力。
　　2. "●" 表示接合但不传递动力。

1）**变速杆位于 P 位**。当变速杆位于 P 位时，C_0 工作，超速行星排空转，动力无法传递，此时输出轴被停车锁止机构锁止，所以汽车不能移动。

当变速杆拨到 P 位时，手柄连杆机构推动锁止杆向接近停车棘爪方向移动，使锁止杆直径较大的圆柱杆部分与停车棘爪接触，将停车棘爪顶向停车齿圈。当锁止凸齿嵌入停车齿圈的齿槽时，便将输出轴与自动变速器壳体连成一体而无法转动，使汽车停止不动（图3-17）。

当变速杆拨到 P 位以外的任意位置时，手柄连杆机构带动锁止杆向离开停车棘爪方向移动，使锁止杆直径较小的圆柱杆与停车棘爪接触，停车棘爪在复位卡簧弹力的作用下复位，其锁止凸齿与停车齿圈分离，自动变速器输出轴可以自由旋转。

2）**变速杆位于 R 位**（图3-18）。变速杆位于 R 位，自动变速器是倒档，C_0、F_0、C_2、B_3 工作。动力传递路线：

液力变矩器→输入轴→超速行星排→高档与倒档离合器（C_2）→太阳轮→后行星齿轮→后齿圈→输出轴。

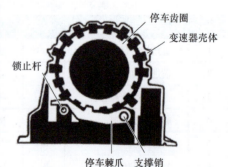

图 3-17　停车锁止机构

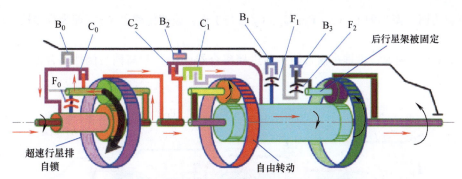

图 3-18 A341E 自动变速器 R 位动力传递路线

3)变速杆位于 N 位。变速杆位于 N 位，C_0 工作，自动变速器处于空档。

直接档离合器 C_0 接合，使超速行星排联锁成一体，由于其他换档执行元件不工作，因此辛普森式行星排不转动，超速行星排空转，自动变速器处于空档。

4)变速杆位于 D 位（图 3-19）。

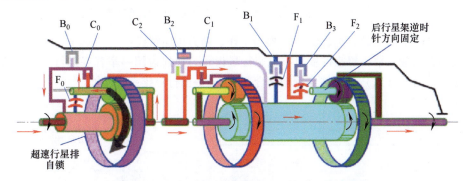

图 3-19 A341E 自动变速器 D 位 1 档动力传递路线

① D 位 1 档，C_0、F_0、C_1、F_2 参与工作。动力传递路线有两条：

一条是液力变矩器→超速行星排→输入轴→前进档离合器（C_1）→前齿圈→前行星齿轮→前行星架→输出轴；

另一条是液力变矩器→超速行星排→输入轴→前进档离合器（C_1）→前齿圈→前行星齿轮→太阳轮→后行星齿轮→后齿圈→输出轴。

② D 位 2 档（图 3-20），C_0、F_0、C_1、B_1、F_1 参与工作。动力传递路线：

液力变矩器→超速行星排→输入轴→前进档离合器（C_1）→前齿圈→前行星齿轮→前行星架→输出轴。

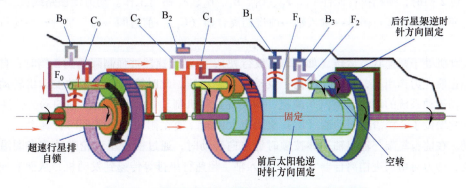

图 3-20 A341E 自动变速器 D 位 2 档动力传递路线

③ D 位 3 档（图 3-21），C_0、F_0、C_1、C_2 参与工作，该档传动比为 1，即为直接档。动力传递路线：

液力变矩器→超速行星排→输入轴→前进档离合器（C_1）和高档与倒档离合器（C_2）→前行星排→输出轴。

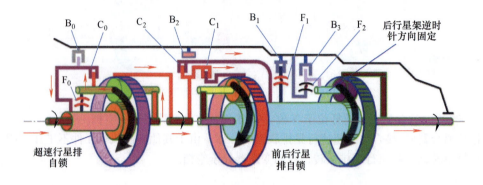

图 3-21 A341E 自动变速器 D 位 3 档动力传递路线

④ D 位 4 档（图 3-22），B_0、C_1、C_2 参与工作。动力传递路线：

液力变矩器→输入轴→超速行星架→超速行星齿轮→超速齿圈→辛普森式行星齿轮机构的输入轴→前进档离合器（C_1）和高档与倒档离合器（C_2）→前行星排→输出轴。

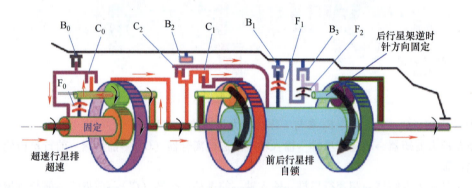

图 3-22 A341E 自动变速器 D 位 4 档动力传递路线

5）变速杆位于"2"位（图 3-23）。

自动变速器在 2 位 1 档和 2 位 3 档的工作情况分别与 D 位 1 档和 3 档完全相同。当自动变速器工作在 2 位 2 档时，换档执行元件 C_0、F_0、C_1、B_1、B_2、F_1 参与工作。动力传递路线：

液力变矩器→超速行星排→输入轴→前进档离合器（C_1）→前齿圈→前行星齿轮→前行星架→输出轴。

当发动机处于减速状态运转（如汽车下坡行驶），自动变速器被强制降低到 2 档时，自动变速器输出轴在惯性力作用下，其转速将高于发动机曲轴转速。此时输出轴将带动发动机转动，利用发动机消耗传动系统的动能来使汽车减速，即实现发动机制动。此时，输出轴的动力传递到前行星架，为此增设了 2 档滑行制动器（B_1）来固定太阳轮，使太阳轮既不能顺时针转动，又不能逆时针转动。在前行星架与输出轴一体按顺时针方向转动时，通过前行星齿轮带动前齿圈沿顺时针方向转动，动力再由前进档离合器（C_1）、输入轴、超速行星排等传递到发动机，从而实现发动机制动。

项目三　行星齿轮传动系统检修　　33

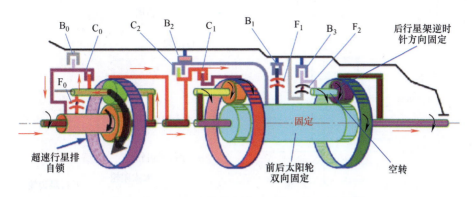

图 3-23　A341E 自动变速器 2 位 2 档动力传递路线

6）变速杆位于"L"位（图 3-24）。

当自动变速器工作在 L 位 1 档时，换档执行元件 C_0、F_0、C_1、B_3、F_2 参与工作。动力传递路线有两条：

一条是液力变矩器→超速行星排→输入轴→前进档离合器（C_1）→前齿圈→前行星齿轮→前行星架→输出轴；

另一条是液力变矩器→超速行星排→输入轴→前进档离合器（C_1）→前齿圈→前行星齿轮→太阳轮→后行星齿轮→后齿圈→输出轴。

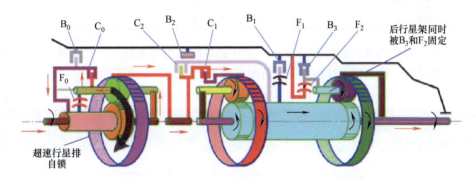

图 3-24　A341E 自动变速器 L 位动力传递路线

在后行星排中，由于低档与倒档制动器（B_3）和 1 档单向离合器（F_2）共同作用使后行星架固定不动，因此与输出轴连成一体的后齿圈将带动后行星齿轮沿顺时针方向自转，并使太阳轮沿逆时针方向转动。

在前行星排中，因为前行星架与输出轴连成一体并沿顺时针方向转动，所以当太阳轮逆时针转动时，前行星齿轮就会带动前齿圈沿顺时针方向转动，动力再由前进档离合器（C_1）、输入轴、超速行星排等传递到发动机，从而实现发动机制动。

2. 拉维娜式行星齿轮机构

拉维娜式行星齿轮机构也是采用双行星排组合，结构特点是前后行星排共用一个齿圈和一个行星架，小太阳轮、短行星齿轮、长行星齿轮、行星架及齿圈组成双行星齿轮机构，大太阳轮、长行星齿轮、行星架及齿圈组成一个单行星齿轮机构。其有四个独立元件，仅有一个齿圈和输出轴连接，结构如图 3-25 所示。

(1) 01N 自动变速器结构　01N 自动变速器采用拉维娜式行星齿轮机构，它由一个单行星齿轮机构和一个双行星齿轮机构组合而成（图 3-26）。其各执行元件名称、符号及作用见表 3-5。

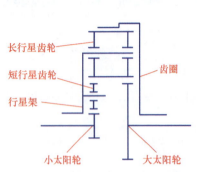

图 3-25 拉维娜式行星齿轮机构结构

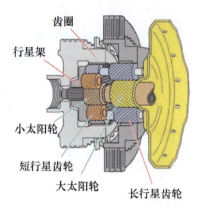

图 3-26 01N 自动变速器结构

表 3-5 01N 自动变速器各执行元件名称、符号及作用

序号	执行元件名称	符号	作　　用
1	1~3 档离合器	K_1	K_1 接合可以将动力传入小太阳轮
2	高档与倒档离合器	K_2	K_2 接合可以将动力传入大太阳轮
3	高档离合器	K_3	K_3 接合可以将动力传入行星架
4	低档与倒档制动器	B_1	B_1 接合可以固定行星架
5	2档/4档制动器	B_2	B_2 接合可以固定大太阳轮
6	1档单向离合器	F	阻止行星架逆时针转动

（2）01N 自动变速器各档动力传递路线　要分析各档动力传动路线，必须首先掌握各执行元件在各档位工作状态，各执行元件参与工作情况见表 3-6。

表 3-6　各执行元件参与工作情况

变速杆位置	档位	换档执行元件					
		K_1	K_2	K_3	B_1	B_2	F
D	1档	○					○
	2档	○				○	
	3档	○	○	○			
	4档		○			○	
3	1档	○					○
	2档	○				○	
	3档	○	○	○			
2	1档	○					○
	2档	○				○	
1	1档	○			○		
R	倒档		○		○		

注："○"表示工作。

1）D 位 1 档动力传递路线（图 3-27）。

1~3 档离合器（K_1）接合，驱动小太阳轮，1 档单向离合器（F）锁止或低档与倒档制动器（B_1）工作，固定行星架，则齿圈同向减速输出，完成 D 位 1 档的动力传递。

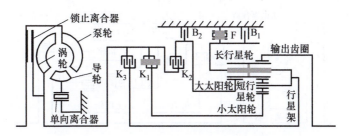

图 3-27　01N 自动变速器 D 位 1 档动力传递路线

D 位 1 档的动力传递路线：泵轮→涡轮→1～3 档离合器（K_1）→小太阳轮→短行星齿轮→长行星齿轮（F 限制行星架逆转）→输出齿圈。

2）D 位 2 档动力传递路线（图 3-28）。

1～3 档离合器（K_1）工作，驱动小太阳轮，2 档/4 档制动器（B_2）工作，固定大太阳轮，则齿圈同向减速输出。

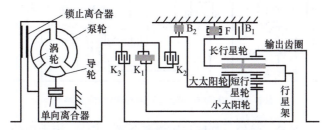

图 3-28　01N 自动变速器 D 位 2 档动力传递路线

D 位 2 档的动力传递路线：泵轮→涡轮→1～3 档离合器（K_1）→小太阳轮→短行星齿轮（自转且公转）→长行星齿轮（自转且公转）→行星架（B_2 制动大太阳轮）→输出齿圈。

3）D 位 3 档动力传递路线（图 3-29）。

1～3 档离合器（K_1）工作，驱动小太阳轮，高档离合器（K_3）工作，驱动行星架，因太阳轮与行星架同时被驱动，整个行星齿轮机构以一个整体旋转，为直接传动档，传动比为 1。

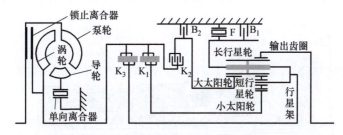

图 3-29　01N 自动变速器 D 位 3 档动力传递路线

D 位 3 档动力传递路线：泵轮→涡轮→[1～3 档离合器（K_1）→小太阳轮顺时针转；高档离合器（K_3）→行星架顺时针转] 行星齿轮机构一起转→输出齿圈。

4）D 位 4 档动力传递路线（图 3-30）。

高档离合器（K_3）工作，驱动行星架，2 档/4 档制动器（B_2）工作，固定大太阳轮，则齿圈同向增速输出，为超速档。

D 位 4 档动力传递路线：泵轮→涡轮→高档离合器（K_3）→行星架→长行星齿轮（B_2 制动大太阳轮）→输出齿圈。

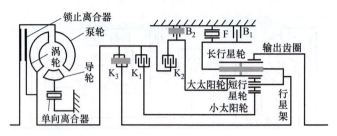

图 3-30　01N 自动变速器 D 位 4 档动力传递路线

5）R 位（图 3-31）。

R 位时，高档与倒档离合器（K_2）工作，驱动大太阳轮，低档与倒档制动器（B_1）工作，固定行星架，则齿圈反向减速输出。

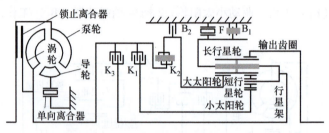

图 3-31　01N 自动变速器倒档动力传递路线

R 位动力传递路线：泵轮→涡轮→高档与倒档离合器（K_2）→大太阳轮→长行星齿轮（B_1 制动行星架）→输出齿圈。

六、五速行星齿轮系统

1. A750E 自动变速器

A750E 自动变速器装备在丰田陆地巡洋舰 4500 和 4700 汽车上，其结构简图如图 3-32 所示；其结构示意图如图 3-33 所示；各执行元件功能见表 3-7；各档位执行元件工作情况见表 3-8。

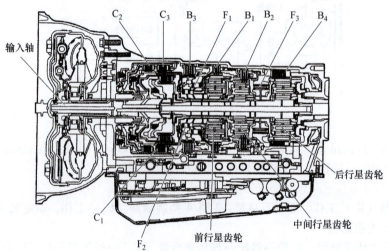

图 3-32　A750E 自动变速器结构简图

项目三 行星齿轮传动系统检修

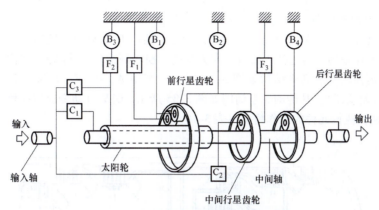

图 3-33 A750E 自动变速器结构示意图

表 3-7 A750E 自动变速器各执行元件功能

组件		功能
C_1	1 号离合器	连接输入轴和中间轴
C_2	2 号离合器	连接输入轴和中间行星架
C_3	3 号离合器	连接输入轴和前太阳轮
B_1	1 号制动器	阻止前行星架顺时针或逆时针转动
B_2	2 号制动器	阻止前/中齿圈顺时针或逆时针转动
B_3	3 号制动器	阻止 F_2 外齿圈顺时针或逆时针空转
B_4	4 号制动器	阻止后齿圈顺时针或逆时针转动
F_1	1 号单向离合器	阻止前行星架逆时针转动
F_2	2 号单向离合器	B_3 工作时,阻止行星太阳轮逆时针转动
F_3	3 号单向离合器	阻止中间行星架和后齿圈逆时针转动
行星齿轮		行星齿轮根据各离合器和制动器的工作情况,改变驱动力的传递路线,达到提高或降低输入和输出速度的目的

表 3-8 A750E 自动变速器各档位执行元件工作情况

变速杆位置	档位	电磁阀						离合器			制动器				单向离合器		
		S_1	S_2	SR	SL_1	SL_2	SLU	C_1	C_2	C_3	B_1	B_2	B_3	B_4	F_1	F_2	F_3
P	驻车档	ON				ON											
R	倒档	ON				ON				○	○			○	○		
N	空档	ON				ON											
D	1 档	ON				ON		○									○
D	2 档	ON	ON			ON		○					○		○	○	
D	3 档	ON	ON			ON		○		○			●		○		
D	4 档				ON	ON		○	○	●			●				
D	5 档		ON	ON		ON			○	○			●				
4	1 档	ON				ON		○									○
4	2 档	ON	ON			ON		○					○		○	○	
4	3 档		ON			ON		○		○			●		○		
4	4 档				ON	ON		○	○	●			●				
3	1 档	ON				ON		○									○
3	2 档	ON	ON			ON		○					○		○	○	
3	3 档		ON			ON		○		○			●				
2	1 档	ON				ON		○									○
2	2 档	ON	ON	ON		ON		○				○	○				
L	1 档	ON				ON		○						○			

注:"○"表示工作;"●"表示发动机制动;"ON"表示电磁阀工作。

2. 01V 五档自动变速器

01V 自动变速器是奥迪 A6 汽车装备的五档自动变速器。01V 自动变速器是在 01F 和 01K 自动变速器基础上发展而来的,通过技术改进,大大提高了换档舒适性,并降低了燃油消耗。

该自动变速器齿轮变速机构结构如图 3-34 所示(图中 A、B、E、F 为 4 个片式离合器,C、D、G 为 3 个片式制动器),其传动关系简图如图 3-35 所示。01V 自动变速器换档执行元件功能见表 3-9;各档位换档执行元件的工作情况见表 3-10。

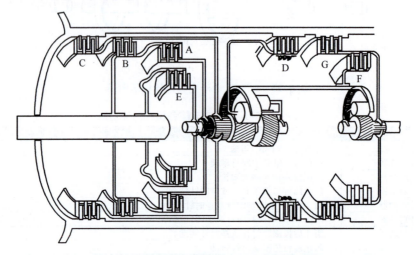

图 3-34 01V 自动变速器齿轮变速机构结构

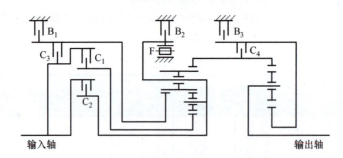

图 3-35 01V 自动变速器传动关系简图

C_1、C_2、C_3、C_4—离合器
B_1、B_2、B_3—制动器 F—单向离合器

表 3-9 01V 自动变速器换档执行元件功能

元件	功能
C_1	将输入轴与小太阳轮连接
C_2	将输入轴与行星架连接
C_3	将输入轴与大太阳轮连接
C_4	将前后齿圈与后太阳轮连接
B_1	制动大太阳轮
B_2	制动前行星架
B_3	制动后太阳轮
F	阻止前行星架逆时针转动

项目三 行星齿轮传动系统检修

表 3-10 01V 自动变速器各档位换档执行元件的工作情况

档 位	换档执行元件							
	C_1	C_2	C_3	C_4	B_1	B_2	B_3	F
1 档	○						○	○
2 档	○			○			○	
3 档	○		○	○				
4 档	○	○		○				
5 档		○		○				
R（倒）档			○			○	○	

注："○"表示工作。

七、六速行星齿轮系统

1. A760E 自动变速器

A760E 自动变速器装备在丰田皇冠和锐志汽车上，其结构图如图 3-36 所示；结构简图如图 3-37 所示；结构示意图如图 3-38 所示；各执行元件功能见表 3-11；各档位执行元件工作情况见表 3-12。

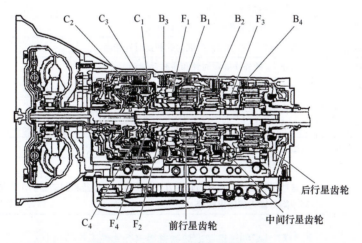

图 3-36 A760E 自动变速器结构图

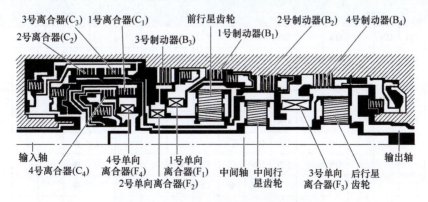

图 3-37 A760E 自动变速器结构简图

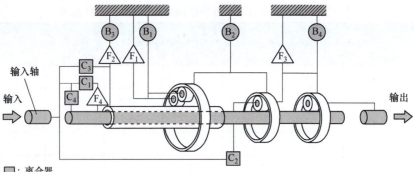

□: 离合器
○: 制动器
△: 单向离合器

图 3-38　A760E 自动变速器结构示意图

表 3-11　A760E 自动变速器执行元件功能

组　件		功　能
C_1	1 号离合器	连接输入轴和中间轴
C_2	2 号离合器	连接输入轴和中间行星架
C_3	3 号离合器	连接输入轴和前太阳轮
C_4	4 号离合器	连接输入轴和中间轴
B_1	1 号制动器	阻止前行星架顺时针和逆时针转动
B_2	2 号制动器	阻止前齿圈和中间齿圈顺时针和逆时针转动
B_3	3 号制动器	阻止 F_2 的外座圈顺时针和逆时针转动
B_4	4 号制动器	阻止中间行星架和后齿圈顺时针和逆时针转动
F_1	1 号单向离合器	阻止前行星架逆时针转动
F_2	2 号单向离合器	当 B_3 工作时，阻止前太阳轮逆时针转动
F_3	3 号单向离合器	阻止中间行星架和后齿圈逆时针转动
F_4	4 号单向离合器	阻止中间轴逆时针转动
行星齿轮		这些齿轮通过传递来的驱动力，按照每个离合器和制动器的工作情况转换路径，以提高或降低输入或输出转速

表 3-12　A760E 自动变速器各档执行元件工作情况

变速杆位置		电磁阀								离合器				制动器				单向离合器			
		S_1	S_2	S_3	S_4	SR	SL_1	SL_2	SLU	C_1	C_2	C_3	C_4	B_1	B_2	B_3	B_4	F_1	F_2	F_3	F_4
P			ON	ON		ON		ON													
R			ON	ON	ON	ON		ON				○		○		○					
N			ON	ON		ON		ON													
S6 (D)	1 档		ON	ON		ON		ON		○										○	○
	2 档	ON	ON	ON		ON		ON		○					●				○		○
	3 档	ON		ON		ON	ON	ON		○		○			●				○		○
	4 档	ON				ON	ON	ON		○	○	●			●						○
	5 档	ON			ON		ON	ON		●	○		○		●						
	6 档	ON	ON		ON		ON	ON		●	○		●	○	●						

（续）

变速杆位置		电磁阀								离合器				制动器				单向离合器			
		S_1	S_2	S_3	S_4	SR	SL_1	SL_2	SLU	C_1	C_2	C_3	C_4	B_1	B_2	B_3	B_4	F_1	F_2	F_3	F_4
S5	1档		ON	ON	ON		ON			○										○	○
	2档	ON	ON	ON	ON		ON	ON		○						○		○	○		○
	3档	ON		ON	ON		ON	ON		○		○				●		○			○
	4档	ON			ON		ON	ON		○	○	●				●					○
	5档	ON		ON		ON			ON	●	○	○	○			●					
S4	1档		ON	ON	ON		ON			○										○	
	2档	ON	ON	ON	ON		ON	ON		○						○		○			
	3档	ON		ON	ON		ON	ON		○		○				●		○			
	4档	ON			ON		ON	ON		○	○	●									
S3	1档		ON	ON	ON		ON			○										○	
	2档	ON	ON	ON	ON		ON	ON		○					○			○			
	3档	ON		ON	ON		ON			○						●					
S2	1档		ON	ON	ON		ON			○										○	
	2档	ON	ON	ON	ON		ON	ON		○				○	○						
S1	1档		ON	ON	ON		ON			○		○					○				

注："○"表示工作；"●"表示发动机制动；"ON"表示电磁阀工作。

2. 09G 六档自动变速器

09G 自动变速器是日本 AISIN 公司生产的六档自动变速器，目前大众汽车公司将其装在高尔夫、途安、新甲壳虫、速腾、迈腾等汽车上。

该自动变速器结构如图 3-39 所示，结构简图如图 3-40 所示。

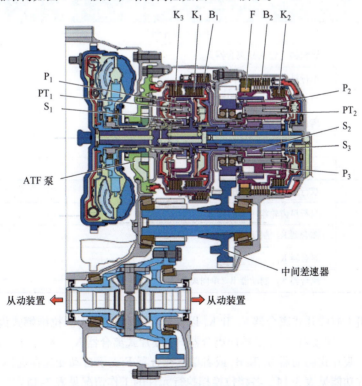

图 3-39 09G 自动变速器结构

K—离合器　B—制动器　S—太阳轮　P—行星齿轮　PT—行星架　F—单向离合器

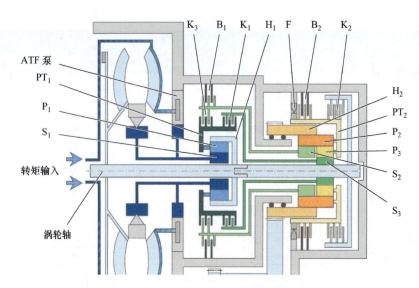

图 3-40　09G 自动变速器结构简图

K—离合器　B—制动器　S—太阳轮　P—行星齿轮　PT—行星架　H—齿圈　F—单向离合器

该行星齿轮机构由一个单行星齿轮组和一个拉维娜式齿轮系统组合而成。发动机转矩首先传递到单行星齿轮组，然后从单行星齿轮组继续传递到拉维娜式齿轮系统，最终经后者的齿圈 H_2 将动力输出至主减速器。09G 自动变速器各行星齿轮传动部件的连接关系见表 3-13。

表 3-13　09G 自动变速器各行星齿轮传动部件的连接关系

部　件	连　接
单行星齿轮组	
齿圈 H_1	涡轮轴（输入）/离合器 K_2
行星齿轮 P_1	单行星齿轮组中间传递动力
太阳轮 S_1	固定
行星架 PT_1	离合器 K_1/K_3
拉维娜式齿轮系统	
齿圈 H_2	主减速器（输出）
长行星齿轮 P_2	双行星齿轮组中力的传递
短行星齿轮 P_3	双行星齿轮组中力的传递
大太阳轮 S_2	离合器 K_3/制动器 B_1
小太阳轮 S_3	离合器 K_1
行星架 PT_2	离合器 K_2/制动器 B_2/单向离合器 F

单行星齿轮组上有膜片式离合器 K_1 和 K_3 以及膜片式制动器 B_1。拉维娜式齿轮系统上有膜片式离合器 K_2 和膜片式制动器 B_2 以及单向离合器 F。膜片式离合器 K_1、K_2 和 K_3 将发动机转矩传递给行星齿轮机构。膜片式制动器 B_1 和 B_2 或者单向离合器 F 支承自动变速器壳体上的发动机转矩。上述换档执行元件功能见表 3-14。各档位换档执行元件的工作情况见表 3-15。

表3-14　09G自动变速器换档执行元件功能

元　件	功　能
K_1	连接行星架 PT_1 与小太阳轮 S_3
K_2	连接行星架 PT_2 与涡轮轴
K_3	连接行星架 PT_1 与大太阳轮 S_2
B_1	固定大太阳轮 S_2
B_2	固定行星架 PT_2
F	阻止行星架 PT_2 逆时针转动

表3-15　09G自动变速器各档位换档执行元件的工作情况

档位	换档执行元件					
	K_1	K_2	K_3	B_1	B_2	F
1档	○				●	○
2档	○			○		
3档	○		○			
4档	○	○				
5档		○	○			
6档		○		○		
R（倒）档			○		○	

注："○"表示工作；"●"表示发动机制动。

项目实施

工具准备：需要的工具、设备明细详见表3-16。

表3-16　工具、设备明细

件号	名　称	型号及规格	数　量
1	01M自动变速器		4个
2	01M自动变速器拆装专用工具（组合）		4套
3	扭力扳手		4个

（续）

件 号	名 称	型号及规格	数 量
4	一字螺钉旋具		4个
5	常用拆装工具套装		4套
6	塞尺		4把
7	钢直尺		4把
8	深度卡尺		4把
9	ATF		4桶

任务一　01M 自动变速器的拆装与检修

一、01M 自动变速器的分解

1）拆下自动变速器密封塞和 ATF 溢流管，排出 ATF。

2）拆卸液力变矩器（图3-41）。拆卸液力变矩器前，测量液力变矩器的安装位置，以便正确装复。

3) 拆卸自动变速器壳体上带密封垫的端盖（图3-42）。

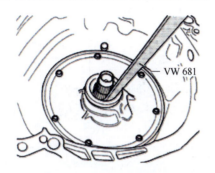 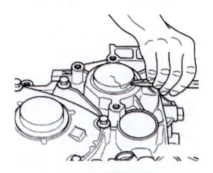

图3-41　拆卸液力变矩器　　　　　　图3-42　拆卸端盖

4) 拆卸油底壳和ATF过滤网（图3-43）。

图3-43　拆卸油底壳和ATF过滤网

5) 拆卸带扁平线束的阀体。

① 拆卸扁平状导线（图3-44）。将专用工具3573放在电磁阀插头的下面并且插到底，按图3-44箭头方向拔出插头，并拆下螺栓1。

 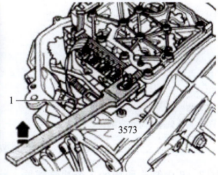

图3-44　拆卸扁平状导线

② 拆卸阀体/脱钩操作杆（图3-45）。拆下阀体时，手动换档阀1仍然保留在阀体中，拨手动换档阀，直至它与操作杆2脱钩，固定手动换档阀，不使它脱落。

③ 拆卸阀体的固定螺栓，取下阀体总成（图3-46）。

6) 拆卸制动器 B_1 的密封圈，按图3-47箭头所示取出密封圈。

 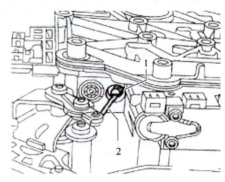

图 3-45 拆卸阀体/脱钩操作杆

 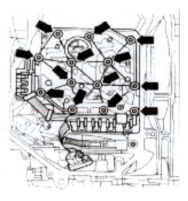

图 3-46 拆卸阀体

 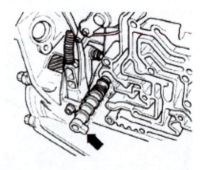

图 3-47 拆卸制动器 B_1 密封圈

7）拆卸图 3-48 中箭头所指的 7 个油泵螺栓，将两个 M8 螺栓 A 拧入带有螺纹的 ATF 泵螺栓孔中，交叉均匀拧螺栓，将 ATF 泵从自动变速器的壳体中压出，将所有的离合器连同支撑管、B_2 摩擦片、弹簧和弹簧头一起取出。

8）分解带 B_2 活塞的 ATF 泵，油泵密封圈和密封垫拆卸后更换（图 3-49）。

9）拆卸 B_2 的内、外摩擦片，注意不要丢失弹簧和弹簧头。与支撑管 13 相邻的外摩擦片 12 的厚度是 3mm。

项目三　行星齿轮传动系统检修　47

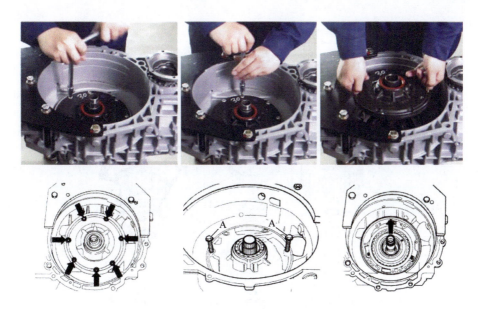

图 3-48　拆卸 ATF 泵

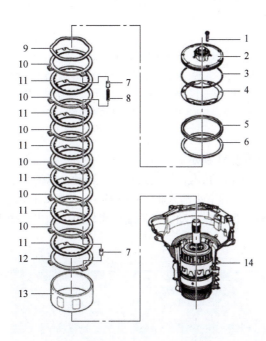

图 3-49　拆卸油泵及制动器 B_2

1—螺栓　2—带 B_2 活塞的 ATF 泵　3—O 形密封圈　4—密封垫　5—止推环　6—调整垫片
7—弹簧头（6个）　8—弹簧（3个）　9—波纹形弹簧片　10—外摩擦片（2mm）
11—内摩擦片　12—外摩擦片（3mm）　13—支撑管　14—自动变速器壳体

10）取出支撑管 13。

11）将倒档离合器 K_2、1～3 档离合器 K_1 和带涡轮轴的 3、4 档离合器 K_3 一起取出（图 3-50）。

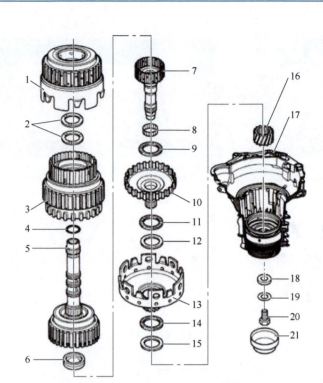

图 3-50　拆卸离合器 K_2、K_1、K_3

1—倒档离合器 K_2　2—调整垫片　3—1~3 档离合器 K_1　4—密封圈　5—带涡轮轴的 3、4 档离合器 K_3
6、9、11、14—推力滚针轴承　7—小输入轴　8—滚针轴承　10—大输入轴　12、15—滚针轴承垫圈
13—大太阳轮　16—小太阳轮　17—自动变速器壳体　18—行星架调整垫片
19—垫圈　20—螺栓　21—盖板

12）拆卸小输入轴，如图 3-51 所示。

① 将螺钉旋具插入大太阳轮的孔内，防止齿轮机构转动，以松开小输入轴螺栓。

② 松开小输入轴的螺栓 1，拆下小输入轴上的螺栓 1、垫圈 2 和调整垫片 3。

③ 行星架的推力滚针轴承保留在自动变速器输入齿轮内，抽出小输入轴。

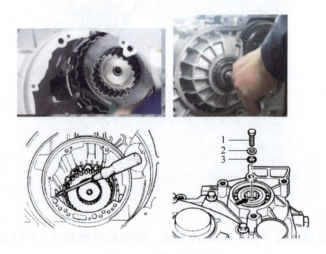

图 3-51　拆卸小输入轴

13）拔出大输入轴和大太阳轮。抽出大输入轴，如图 3-52a 箭头所示，抽出大太阳轮，如图 3-52b 箭头所示。

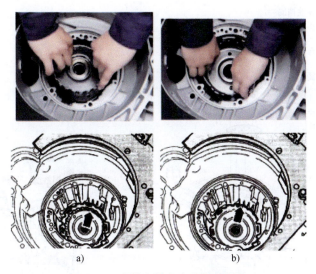

图 3-52　大输入轴和大太阳轮拆卸
a）抽出大输入轴　b）抽出大太阳轮

14）拆卸单向离合器，如图 3-53 所示。
① 拆卸单向离合器前，应先拆下转速传感器 G38。
② 拆下支撑管卡环 a，其开口的安装位置要对上单向离合器的定位销，否则卡环不能进入壳体卡环槽内。
③ 拔出导流块 2。
④ 拆下自由轮的卡环 b，用钳子夹住自由轮的定位键，在箭头所示位置，把自由轮从自动变速器的壳体中抽出。

15）取出行星架内小太阳轮、轴承垫圈和推力滚针轴承（图 3-54）。
把小太阳轮、轴承垫圈和推力滚针轴承从行星架中抽出时，注意滚针轴承、推力滚针轴承和轴承垫圈等小零件的位置。

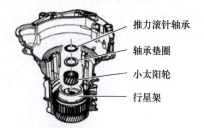

图 3-53　拆卸单向离合器　　　　　图 3-54　拆卸行星架小太阳轮

16）拔下带碟形弹簧的行星架。
注意碟形弹簧的方向不得装反（图 3-55），凸面朝向单向离合器，凹面朝向行星齿轮方向。

17）拆下倒档制动器 B_1 的摩擦片（图3-55），取出推力滚针轴承和轴承垫圈（图3-56）。

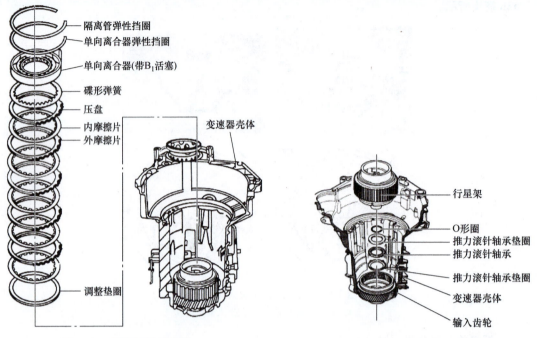

图3-55　拆卸倒档制动器 B_1

图3-56　拆卸推力轴承和轴承垫圈

二、01N 自动变速器的检查

1. ATF 泵的检查

1）检查 ATF 泵主动齿轮、从动齿轮及泵壳端面有无明显的磨损痕迹，若有，应更换新件。

2）检查 ATF 泵活塞环的安装位置（图3-57）。

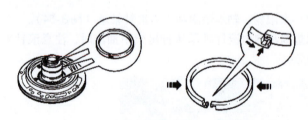

图3-57　活塞环的检查及安装

3）用塞尺检查油泵内齿轮外圆与油泵壳体之间的间隙（图3-58a）、主动齿轮及从动齿轮的齿顶与月牙隔板之间的间隙（图3-58b）、主动齿轮及从动齿轮的端面与泵壳平面的间隙（图3-58c）。将测量结果与表3-17对照。如不符合标准，应更换齿轮、泵壳或油泵总成。

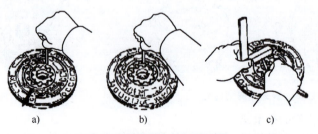

图3-58　油泵齿轮间隙测量

项目三 行星齿轮传动系统检修

表 3-17 油泵测量标准

项　　目	标准间隙/mm	最大间隙/mm
内齿轮外圆与油泵壳体间隙	0.07～0.15	0.3
齿顶与月牙隔板间隙	0.11～0.14	0.3
端面与泵壳平面间隙	0.02～0.05	0.1

2. 换档执行元件与行星齿轮机构各部件间隙的检查（图 3-59）

换档执行元件与行星齿轮机构有 4 处间隙需要检查，分别是行星架间隙、倒档制动器 B_1 间隙、2 档和 4 档制动器 B_2 间隙和离合器间隙。

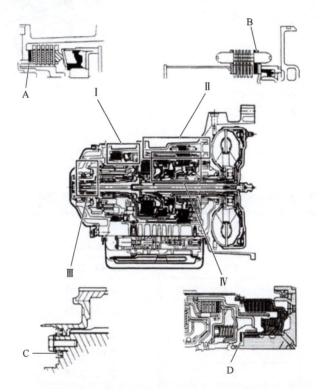

图 3-59　换档执行元件与行星齿轮机构各部件间隙的检查
Ⅰ—倒档制动器 B_1　Ⅱ—2 档和 4 档制动器 B_2　Ⅲ—行星架　Ⅳ—离合器
A、C、D—调整垫片　B—外摩擦片或调整垫片

(1) 调整行星架间隙。行星齿轮机构部件分解图如图 3-60 所示，测量行星架的间隙时，需要安装好图中除调整垫片 18 外的所有部件，将小输入轴螺栓 20 紧固力矩拧至 30N·m。行星架间隙如图 3-61 所示。

安装千分表，以 1mm 的预紧量将千分表安装到螺栓头中间，千分表调零，向上移动小输入轴并读取测量值。根据测量值选取合适的调整垫片，调整垫片的规格见表 3-18。

如果测量值为 2.5mm，从表中可以看出需要选择 2.2mm 厚度的调整垫片。将已经确定厚度的调整垫片 3、垫片 2 和螺栓 1 安装到小输入轴上，如图 3-62 箭头所示。拧紧带垫片的螺栓，力矩为 30N·m。再次测量行星架，确保间隙在规定范围（0.23～0.37mm）内。

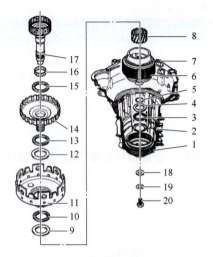

图 3-60　行星齿轮机构部件分解图

图 3-61　行星架间隙

1—输入齿轮　2、4、9、12—轴承垫圈　3、10、13、15—推力滚针轴承
5—O 形密封圈　6—行星架　7—变速器壳体　8—小太阳轮
11—大太阳轮　14—大输入轴　16—滚针轴承　17—小输入轴
18—调整垫片　19—垫圈　20—螺栓

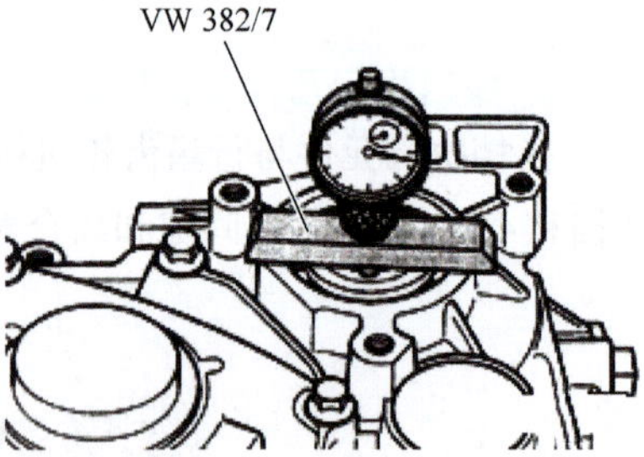

表 3-18　调整垫片的规格

千分表测量值/mm	调整垫片厚度/mm	千分表测量值/mm	调整垫片厚度/mm
1.26~1.35	1.0	2.26~2.35	2.0
1.36~1.45	1.1	2.36~2.45	2.1
1.46~1.55	1.2	2.46~2.55	2.2
1.56~1.65	1.3	2.56~2.65	2.3
1.66~1.75	1.4	2.66~2.75	2.4
1.76~1.85	1.5	2.76~2.85	2.5
1.86~1.95	1.6	2.86~2.95	2.6
1.96~2.05	1.7	2.96~3.05	2.7
2.06~2.15	1.8	3.06~3.15	2.8
2.16~2.25	1.9	3.16~3.25	2.9

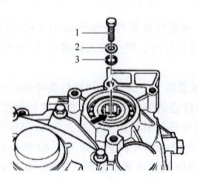

图 3-62　调整垫片安装

项目三　行星齿轮传动系统检修

(2) 调整倒档制动器 B_1。 倒档制动器 B_1 零件分解见图 3-55。

调整垫片厚度 A 由图 3-63 中的间隙尺寸 "x" 确定。图中，A = 调整垫片厚度，x = 间隙尺寸，i = 单向离合器内活塞位置高度，m = 带压板的片组高度。"K" 为恒定值，由自动变速器内的结构确定且不可调，此处 $K = 26.8$ mm。图中：$x = K + i/2 - m$。

1) 确定 i。

① 如图 3-64a 所示，按箭头方向将活塞压到挡块（VW401、VW402）处。

② 将导板放到单向离合器外环上，用深度卡尺测量活塞内棱。

示例：测量值 $= 51.8$mm　导板 $= -48.2$mm　则确定值 $i = 3.6$mm

2) 确定 m（图 3-64b）。

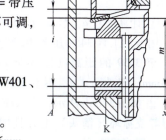

图 3-63　调整垫片厚度

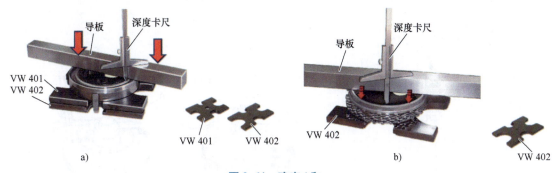

图 3-64　确定 i 和 m
a) 确定 i　b) 确定 m

① 将导板放在压板上。
② 按箭头方向压缩带压板的片组并用深度卡尺测量片组厚度。

示例：测量值 $= 73.5$mm　　　导板 $= -48.2$mm　　　则确定值 $m = 25.3$mm
　　　间隙尺寸 $x = K + i/2 - m = (26.8 + 3.6/2 - 25.3)$mm $= 3.3$mm

③ 查表确定调整垫片尺寸，见表 3-19。
④ 按表确定调整垫片厚度，按备件目录查找零件号。
⑤ 确定 B_1 调整垫片厚度以后，再进行检查测量。

表 3-19　调整垫片标准厚度

间隙尺寸 x/mm	调整垫片厚度/mm	间隙尺寸 x/mm	调整垫片厚度/mm
2.36 ~ 2.45	1.0	3.36 ~ 3.45	1.0 + 1.0
2.46 ~ 2.55	1.1	3.46 ~ 3.55	1.0 + 1.1
2.56 ~ 2.65	1.2	3.56 ~ 3.65	1.1 + 1.1
2.66 ~ 2.75	1.3	3.66 ~ 3.75	1.1 + 1.2
2.76 ~ 2.85	1.4	3.76 ~ 3.85	1.2 + 1.2
2.86 ~ 2.95	1.5	3.86 ~ 3.95	1.2 + 1.3
2.96 ~ 3.05	1.6	3.96 ~ 4.05	1.3 + 1.4
3.06 ~ 3.15	1.7	4.06 ~ 4.15	1.3 + 1.4
3.16 ~ 3.25	1.8	4.16 ~ 4.25	1.4 + 1.4
3.26 ~ 3.35	1.9		

(3) 调整2档和4档制动器 B_2 的间隙 制动器 B_2 的间隙如图3-65所示，调整垫片厚度的确定如图3-66所示。调整垫片的厚度由间隙尺寸 x 确定，用下列公式计算：$x = a - b - 2.65$。

① 计算尺寸 a。装配行星齿轮至最后一片 B_2 内摩擦片，不要装入最后一片外摩擦片和调整垫片，用专用工具3459压紧 B_2 摩擦片组。用深度卡尺测量从油泵法兰/自动变速器壳体（箭头所示）至3459的距离（图3-66a）。$a = 3459$ 的高度——测量值。例如 $a = 60.0\text{mm} - 32.7\text{mm} = 27.3\text{mm}$，记录尺寸 a，拆下3459和止推环。

② 如图3-66b所示，将ATF泵的活塞向内推到底，将纸密封垫放在ATF泵上；将钢直尺B放在导轮支撑环（箭头）上并且用深度卡尺A测量钢直尺至油泵法兰的密封垫的距离，$b =$ 测量值——钢直尺高度。

如：$b = 39.8\text{mm} - 19.5\text{mm} = 20.3\text{mm}$。

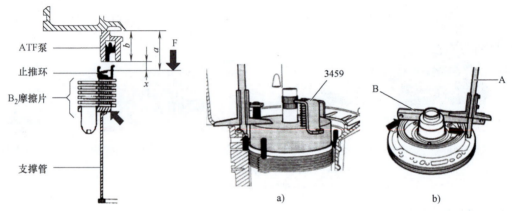

图3-65 制动器 B_2 的间隙   图3-66 制动器 B_2 调整垫片厚度的确定

③ 计算间隙尺寸 x。$x = a - b - 2.65 = 4.35\text{mm}$。根据表3-20确定调整垫片的厚度。

表3-20 调整垫片厚度的确定

间隙 x/mm	调整垫片厚度/mm	间隙 x/mm	调整垫片厚度/mm
4.25~4.49	2.75	5.75~5.99	2.20 + 2.25
4.50~4.74	3.00	6.00~6.24	2.25 + 2.25
4.75~4.99	3.25	6.25~6.49	2.25 + 2.50
5.00~5.24	3.50	6.50~6.74	2.50 + 2.50
5.25~5.49	3.75	6.75~7.00	2.50 + 2.75
5.50~5.74	2.00 + 2.00		

(4) 调整离合器 K_1 和 K_2 的间隙 离合器间隙测量示意图如图3-67所示。图中A为调整垫片，x 为测量间隙值，则 $x = a - b$。

① 确定尺寸 a。将推板A放到自动变速器壳体上，按箭头方向压下离合器 K_1，并用深度卡尺B测量，如图3-68a所示；用深度卡尺B测量自动变速器壳体上的油泵法兰，则尺寸 a 等于两次测量数值之差，如图3-68b所示。

② 确定尺寸 b。将推板装到导轮支座（箭头所示）上，用深度卡尺测量油泵法兰密封垫，用测量值减去法兰厚度即为尺寸 b 的数值，如图3-69所示。

项目三　行星齿轮传动系统检修　　55

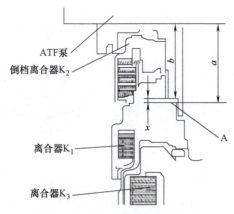

图 3-67　离合器间隙测量示意图

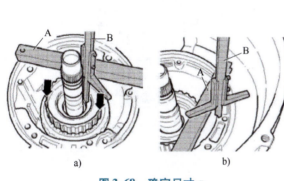

图 3-68　确定尺寸 a

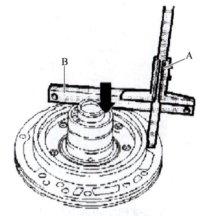

图 3-69　确定尺寸 b

③ 计算间隙尺寸，选择调整垫片。根据测量及计算的尺寸 a 和 b 的数值，计算测量间隙值并确定调整垫片厚度，调整垫片规格见表 3-21。

表 3-21　调整垫片规格

测量值/mm	调整垫片厚度/mm	测量值/mm	调整垫片厚度/mm
<2.54	1.4	3.90~4.29	1.6+1.6
2.55~3.09	1.0+1.0	4.30~4.69	1.8+1.8
3.10~3.49	1.2+1.2	4.70~5.04	1.2+1.2+1.6
3.50~3.89	1.4+1.4	5.05~5.25	1.2+1.2+1.8

④ 测量离合器间隙。只有安装自动变速器油泵后才能测量离合器间隙，如图 3-70 所示，将千分表支座固定在自动变速器壳体上，并以 1mm 预压量将千分表装到涡轮轴上，将千分表置零，移动涡轮轴并读取测量值，符合规定的间隙为 0.5~1.2mm。

三、01M 自动变速器的装配

1）装配行星齿轮机构。

① 将新的 O 形密封圈装入行星架（图 3-71），更换行星架时需要调整该支架。

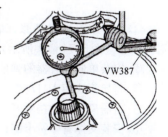

图 3-70　测量离合器间隙

图 3-71　O 形密封圈

② 将推力滚针轴承垫圈和行星架装入主动齿轮（图 3-72）。

③ 将小太阳轮 3、垫圈 2 和推力滚针轴承 1 装到行星架 4 上，使垫圈 2 和推力滚针轴承 1 与小太阳轮 3 中心对齐（图 3-73）。

 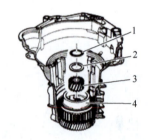

图 3-72　安装行星架和推力滚针轴承垫圈

图 3-73　安装小太阳轮等零件
1—推力滚针轴承　2—垫圈　3—小太阳轮　4—行星架

2）安装倒档制动器 B_1（见图 3-55）。

① 装入倒档制动器 B_1 的内、外摩擦片，装入压盘，平面侧朝向摩擦片。

② 装入碟形弹簧，凸起面朝向单向离合器。

3）装配单向离合器，如图 3-74 所示。

图 3-74　装配单向离合器

① 用专用工具 3267 张开单向离合器滚子并安装单向离合器，注意凸耳（定位楔）与壳体的相对的位置（图 3-74 箭头所示）。

② 安装单向离合器的弹性挡圈。

③ 将导流块装入自动变速器壳体上具有 ATF 通气孔的槽内，卡在两弹性挡圈之间。

④ 将隔离管弹性挡圈开口装到单向离合器定位楔上。

⑤ 安装支撑管弹簧卡圈，安装自动变速器转速传感器 G38。

4）将大太阳轮、大输入轴和小输入轴等零件安装到自动变速器壳体内（图 3-75）。

5）安装小输入轴螺栓 1、垫圈 2、调整垫圈 3，螺栓 1 紧固力矩 30N·m（图 3-76）。

图 3-75　安装大太阳轮和大、小输入轴等零件

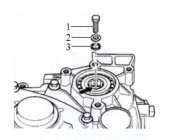

图 3-76　安装小输入轴螺栓
1—螺栓　2—垫圈　3—调整垫圈

6）安装 K_3 前将带垫圈的推力滚针轴承粘在 K_3 上（图 3-77）。

图 3-77　安装离合器 K_3 推力滚针轴承

7）安装离合器 K_3，如图 3-78 所示。
① 保证活塞环正确地坐落在 K_3 上且活塞环的两端相互勾住。
② 安装离合器 K_3，将密封圈 1 装入槽内（图 3-78 箭头所示）。
8）安装离合器 K_1，如图 3-79 所示。
① 装入离合器 K_1。
② 将调整垫圈装入 K_1，更换 K_1、K_2 或 ATF 后，需重新测量调整垫片厚度，可用 1 或 2 个调整垫圈。

图 3-78　安装离合器 K_3

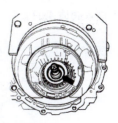

图 3-79　安装离合器 K_1

9）安装离合器 K_2，如图 3-80 所示。
10）安装制动器 B_2，如图 3-81 所示。
① 装入制动器 B_2 摩擦片支撑管（箭头所示），使得支撑管的槽卡在自由轮的定位键上。
② 先装入一个 3mm 厚的摩擦片。
③ 将 3 个弹簧头装到外摩擦片上，装入压缩环。
④ 装入所有的摩擦片，但不装入最后一片摩擦片。
⑤ 装入波纹形垫圈。

图3-80 安装离合器 K_2

图3-81 安装制动器 B_2

⑥ 装入最后测量过的3mm厚的外摩擦片。
⑦ 确定调整垫片厚度，装入调整垫片。
⑧ 把止推环放到调整垫片上，光滑侧朝向调整垫片。

11）安装自动变速器油泵密封垫（图3-82），将O形密封圈装到自动变速器油泵上，安装油泵，交叉拧紧油泵螺栓确保O形密封圈不被损坏，紧固力矩为8N·m，然后分几步再拧紧90°。

12）装入带O形密封圈的 B_1 密封塞，安装位置如图3-83所示，凸缘（箭头所示）必须插入油槽内。

图3-82 ATF泵装配

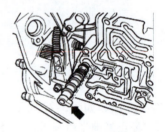
图3-83 B_1 密封塞装配

13）装入带扁平线的阀体。
① 将操作杆钩入手动换档阀（图3-84）。旋转手动换档阀1，使得凸肩对准操作杆，将带手动换档阀的操作杆2装入阀体。
② 调整手动换档阀的操作杆（图3-85）。将换档轴放到"P"位置，将带手动换档阀2的操作杆1推入阀体4的底部，螺栓紧固力矩为4N·m。

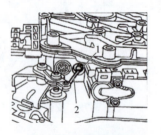
图3-84 安装操作杆

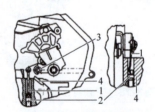
图3-85 调整操作杆

③ 安装阀体。首先用手拧紧阀体的螺栓，然后交叉地从外侧至内侧将螺栓按紧固力矩5N·m拧紧。整理扁状导线时不要弯折或扭转导线，将导线的薄膜插头插入自动变速器壳体内并拧紧螺栓。

14）安装油底壳。将油密封圈压到ATF过滤网的吸入颈圈上，将ATF过滤网按入阀体约3mm（不要按到底），当安装油底壳时，ATF过滤网会被推至正确的安装位置。

15）装入新盖板。用撞击套管40-20敲入新盖板（图3-86）。

16）安装液力变矩器（图3-87）。把液力变矩器装入自动变速器，装入时，转动液力变矩器，使得两个传动销坐落在ATF泵的切口内。间隙A至少应为20mm。

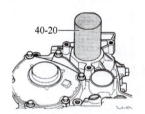

图3-86　装入新盖板

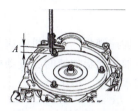

图3-87　安装液力变矩器

任务二　行星齿轮传动系统常见故障排除

一、自动变速器无前进档故障分析

1. 故障现象

1）汽车倒档行驶正当，在前进档时不能行驶。

2）变速杆在D位时不能起步，在2位、L位时可以起步。

2. 故障原因

1）前进档离合器严重打滑。

2）前进档单向离合器打滑或装反。

3）前进离合器油路严重泄漏。

4）变速杆调整不当。

3. 故障诊断与排除

1）检查变速杆的调整情况。如有异常，应按规定程序重新调整。

2）测量前进档主油路油压。若油压过低，说明主油路严重泄漏，应拆检自动变速器，更换前进档油路上各处的密封圈和密封环。

3）若前进档主油路油压正常，应拆检前进档离合器。如摩擦片表面粉末冶金层有烧焦或过度磨损，应更换摩擦片。

4）若主油路油压和前进档离合器均正常，则应拆检前进档单向离合器，按照相关型号的自动变速器维修手册所述方法，检查前进档单向离合器的安装方向是否正确以及有无打滑。如有装反，应重新安装；如有打滑，应更换新件。

二、自动变速器无倒档故障分析

1. 故障现象

汽车在前进档能正常行驶，但在倒档时不能行驶。

2. 故障原因

1）变速杆调整不当。

2）倒档油路泄漏。

3）倒档及高档离合器或倒档及低档制动器打滑。

3. 故障诊断与排除

1）检查变速杆的位置。如有异常，应按规定程序重新调整。

2）检查倒档油路油压。若油压过低，则说明倒档油路泄漏，应拆检自动变速器，予以修复。

3）若倒档油路油压正常，应拆检自动变速器，更换损坏的离合器片或制动器片（制动带）。

三、自动变速器打滑故障分析

1. 故障现象

1）起步时踩下加速踏板，发动机转速很快升高但车速升高缓慢。

2）行驶中踩下加速踏板加速时，发动机转速升高但车速没有很快提高。

3）平路行驶基本正常，但上坡无力，且发动机转速异常高。

2. 故障原因

1）ATF 液面太低。

2）ATF 液面太高，运转中被行星排剧烈搅动后产生大量气泡。

3）离合器或制动器摩擦片、制动带磨损严重或烧焦。

4）油泵磨损严重或主油路泄漏，造成油路油压过低。

5）单向离合器打滑。

6）离合器或制动器活塞密封圈损坏，导致漏油。

7）减振器活塞密封圈损坏，导致漏油。

3. 故障诊断与排除

打滑是自动变速器最常见的故障之一。虽然自动变速器打滑往往都伴有离合器或制动器摩擦片严重磨损甚至烧焦等现象，但如果只是简单地更换磨损的摩擦片而没有找出打滑的真正原因，则会使维修后的自动变速器使用一段时间后又出现打滑现象。因此，对于出现打滑的自动变速器，不要急于拆卸分解，应先做各种检查测试，以找出造成打滑的真正原因。

1）对于出现打滑现象的自动变速器，应先检查其 ATF 的液面高度。若液面过低或过高，应先调整至正常后再做检查。若液面调整正常后自动变速器不再打滑，可不必拆修自动变速器。

2）检查 ATF 的品质。若 ATF 呈棕黑色或有烧焦味，说明离合器或制动器的摩擦片或制动带有烧焦，应拆修自动变速器。

3）做道路试验，以确定自动变速器是否打滑，并检查出现打滑的档位和打滑的程度。将变速杆拨入不同的位置，让汽车行驶。若自动变速器升至某一档位时发动机转速突然升高，但车速没有相应地提高，即说明该档位有打滑。打滑时发动机的转速越容易升高，说明打滑越严重。

根据出现打滑的规律，还可以判断产生打滑的是哪一个换档执行元件，以三行星排的辛普森式四档行星齿轮式自动变速器为例说明。

① 若自动变速器在所有前进档都有打滑现象，则为前进档离合器打滑。

② 若自动变速器在变速杆位于 D 位 1 档时有打滑现象，而在变速杆位于 L 位或 1 位时的 1 档不打滑，则为前进档单向离合器打滑；若无论变速杆位于 D 位、L 位或 1 位时，1 档都有打滑现象，则为倒档及低档制动器打滑。

③ 若自动变速器只在变速杆位于 D 位 2 档时有打滑现象，而在变速杆位于 2 位 2 档时不打滑，则为 2 档单向离合器打滑。若无论变速杆位于 D 位或 2 位时，2 档都有打滑现象，则为 2 档制动器打滑。

④ 若自动变速器只在 3 档时有打滑现象，则为倒档及高档离合器打滑。

⑤ 若自动变速器只在超速档时有打滑现象，则为超速档制动器打滑。

⑥ 若自动变速器在倒档和高档时都有打滑现象，则为倒档及高档离合器打滑。

⑦ 若自动变速器在倒档和 1 档时都有打滑现象，则为倒档及低档制动器打滑。

4）对于有打滑故障的自动变速器，在拆卸分解之前，应先检查自动变速器的主油路油压，以找出造成自动变速器打滑的原因。若自动变速器无论前进档或倒档均打滑，其原因往往是主油路油压过低。若主油路油压正常，则只要更换磨损或烧焦的摩擦元件即可。若主油路油压不正常，则在拆修自动变速器的过程中，应根据主油路油压、相应的油泵或阀板进行检修，并更换自动变速器的所有密封圈和密封环。

四、自动变速器异响故障分析

1. 故障现象

1）在汽车运转过程中，自动变速器内始终有异常响声。
2）汽车行驶中自动变速器有异响，停车挂空档后异响消失。

2. 故障原因

1）油泵因磨损严重或 ATF 液面高度过低、过高而产生异响。
2）液力变矩器因锁止离合器、导轮单向离合器等损坏而产生异响。
3）行星齿轮机构异响。
4）换档执行元件异响。

3. 故障诊断与排除

1）检查 ATF 液面高度。若太高或太低，应调整至正确高度。
2）用举升器将汽车升起，起动发动机，在空档、前进档、倒档等状态下检查自动变速器产生异响的部位和时刻。
3）若在任何档位下自动变速器前部始终有连续的异响，通常为油泵或液力变矩器异响。对此，应拆检自动变速器，检查油泵有无磨损、液力变矩器内有无大量摩擦粉末。如有异常，应更换油泵或液力变矩器。
4）若自动变速器只有在行驶中才有异响，空档时无异响，则为行星齿轮机构异响。对此，应分解自动变速器，检查行星排各个零件有无磨损痕迹，齿轮有无断裂，单向离合器有无磨损、卡滞，轴承或止推垫片有无损坏。如有异常，应予以更换。

一、填空题

1. 在行星排中，_____、_____ 和 _____ 为行星排的三个基本元件。
2. 辛普森式行星齿轮机构由 _____、_____、_____ 和 _____ 四个独立元件组成。
3. 行星齿轮变速系统的换档执行元件由 _____、_____、_____ 三种不同的执行元件组成，它的三个基本作用是 _____、_____ 和 _____。
4. 单向离合器常用的有 _____ 离合器和 _____ 离合器，制动器分为 _____ 式和 _____ 式制动器。
5. 带式制动器不工作时，_____ 和 _____ 之间应有适当的间隙，该间隙的大小用 _____ 来调整。

二、判断题

1. 当行星齿轮机构中太阳轮、齿圈或行星架都不被锁止时，则会形成空档。（   ）
2. 自动变速器的齿轮机构拉维娜式比辛普森式的紧凑。（   ）
3. 自动档车辆档位于 P 或 D 位时，车辆才能起动。（   ）
4. 01N 自动变速器的长、短行星齿轮都与齿圈啮合。（   ）
5. 带式制动器制动鼓是固定在自动变速器壳体上的。（   ）

6. 太阳轮、齿圈和行星齿轮三者的旋转轴线是重合的。（　　）
7. 根据换档工况的需要，自动变速器中的单向离合器由液压系统控制其自由或锁止。（　　）
8. 自动变速器中制动器的作用是把行星齿轮机构中的某两个元件连接起来形成一个整体共同旋转。（　　）
9. 自动变速器的制动器能把行星齿轮机构中的元件锁止，不让其旋转。（　　）
10. 自动变速器的离合器的自由间隙是利用增减离合器摩擦片或钢片的片数进行调整的。（　　）
11. 在自动变速器中使用数个多片湿式制动器，为使其停止运作时液压缸排油迅速，其液压缸内设置安全阀钢珠。（　　）
12. 自动变速器中的离合器是以机械方式进行控制的。（　　）

三、选择题

1. 在辛普森式行星齿轮系统中，当齿圈固定，太阳轮为主动件时，可获得的传动比（　　）。
   A. >2　　　　　　B. =2　　　　　　C. <2　　　　　　D. <1
2. 在自动变速器的行星齿轮机构中，只有当（　　）时，才能获得倒档。
   A. 行星架制动，齿圈主动　　　　　　B. 太阳轮制动，行星架主动
   C. 齿圈制动，太阳轮主动　　　　　　D. 行星架制动，太阳轮主动
3. 在自动变速器中，当行星齿轮机构中有锁止元件，并且行星架作为主动件时，行星齿轮机构就（　　）。
   A. 形成降速档　　　　　　　　　　　B. 形成降矩档
   C. 输出与输入转向相反　　　　　　　D. 形成增速档
4. 在拉维娜式行星齿轮机构中，形成倒档的条件是（　　）。
   A. 太阳轮被锁止　B. 齿圈被固定　C. 行星架被锁止　D. 行星齿轮被锁止
5. 在行星齿轮机构中，单排行星齿轮机构总共能提供（　　）种不同的传动比。
   A. 3　　　　　　B. 5　　　　　　C. 6　　　　　　D. 7
6. 辛普森式行星齿轮机构的特点包括：两排行星齿轮机构和（　　）。
   A. 共用一个齿圈　　　　　　　　　　B. 共用一个太阳轮
   C. 共用一个行星架　　　　　　　　　D. 大太阳轮与前行星架刚性连接
7. 滚柱式单向离合器依靠（　　）进行锁止或分离的控制。
   A. 自动变速器油　　　　　　　　　　B. 楔块的长、短头
   C. 滚柱在内外座圈的不等距斜槽中滑动　D. 电磁线圈的电磁力
8. 自动变速器的控制系统中，多片式离合器的作用是（　　）。
   A. 限制输入轴与输出轴不产生过大的速差　B. 固定行星齿轮机构的某个元件
   C. 驱动行星齿轮机构的某元件旋转　　　　D. 控制换档不造成过大的冲击
9. 自动变速器的执行元件中，单向离合器的主要作用是满足（　　）的需要。
   A. 换档本身　　　B. 机械锁止　　　C. 提高油压　　　D. 改善换档品质
10. 在自动变速器的控制系统中，制动带与制动鼓之间的间隙调整，是通过（　　）来进行的。
    A. 换用不同长度标准的活塞　　　　　B. 换用不同长度标准的活塞杆
    C. 换用不同长度标准的制动带　　　　D. 调整制动带调整螺钉

项目四 液压控制系统检修

一辆 PASSAT B5 汽车,装配 01N 型 4 档电控液压自动变速器,行驶 7 万 km,汽车起步加速到 3 档时,车辆出现被后拉的感觉,其余档位工作正常。维修技师诊断后,初步判断为液压控制系统故障。

知识目标	1)叙述液压控制系统的基本组成 2)学习油泵的结构,简述油泵的工作原理 3)认识控制机构各主要部件的结构,简述其工作原理 4)分析常见电控液压自动变速器的油路
技能目标	1)按照规范正确检修液压控制系统各部件 2)排除液压控制系统的常见故障

一、液压控制系统的基本组成

自动变速器的自动控制是靠液压控制系统来完成的,液压控制系统由动力源、执行元件和控制机构三个部分组成。

动力源是由液力变矩器泵轮驱动的油泵,油泵提供的 ATF 除了向控制机构、执行元件供给油压以实现换档外,还可实现液力变矩器的冷却、行星齿轮机构的润滑。

执行元件包括各离合器、制动器和液压缸,其作用是通过控制油压实现离合器的接合和分离、制动器的制动和松开动作,以便得到相应的档位。

控制机构大体包括主油路系统、换档信号系统、换档阀系统和缓冲安全系统。根据其换档信号系统和换档阀系统采用的是全液压元件还是电子控制元件可将控制机构分为液控式和电控式两种。

二、油泵

油泵的作用是使 ATF 产生一定的压力和流量,供给液力变矩器和液压控制系统所需的液压油,并保证行星齿轮机构各摩擦副的润滑需要。

自动变速器使用的油泵种类较多,有齿轮泵、摆线转子泵、叶片泵等。

1. 齿轮泵

齿轮泵是自动变速器中应用最多的一种油泵,丰田各种汽车自动变速器都采用这种油泵。它具有结构紧凑、尺寸小、质量轻、自吸能力强、流量波动小、噪声低等特点。齿轮泵主要由主动齿轮、从动齿轮、月牙隔板、泵壳等组成（图4-1）。

2. 摆线转子泵

摆线转子泵是一种特殊齿形的内啮合齿轮泵，它具有结构简单、尺寸紧凑、噪声小、运转平稳、高转速性能良好等优点；其缺点是流量脉动大、加工精度要求高。马自达626汽车的自动变速器就是采用这种油泵。

摆线转子泵由泵壳以及一对内啮合的转子等部分组成（图4-2）。内转子为外齿轮，齿廓曲线是外摆线；外转子为内齿轮，齿廓曲线是圆弧曲线。内外转子的旋转中心不同，两者之间有偏心距。一般内转子的齿数为10，外转子的齿数为11（比内转子多一个齿）。

摆线转子泵的排量取决于内转子的齿数、齿形、齿宽及内外转子的偏心距。齿数越多、齿形、齿宽及偏心距越大，排量就越大。

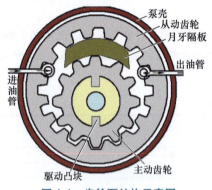

图4-1 齿轮泵结构示意图

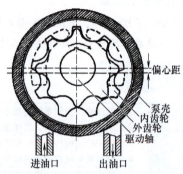

图4-2 摆线转子泵结构示意图

3. 叶片泵

（1）结构 叶片泵由定子、转子、叶片、泵体等部分组成（图4-3）。

它具有运转平稳、噪声小、泵油流量均匀、容积效率高等优点；但它结构复杂，对ATF的污染比较敏感。转子由液力变矩器壳体后端的轴套带动，绕其中心旋转；定子是固定不动的，转子与定子不同心，二者之间有一定的偏心距。

（2）类型 叶片泵分为定量叶片泵和变量叶片泵。

定量叶片泵的排量是固定不变的。该类型的泵在高转速时，会增加发动机的负荷和油耗，造成一定的动力损失。因此，目前用于汽车自动变速器的叶片泵大部分都设计成排量可变的，称为变量叶片泵或可变排量式叶片泵，其结构示意图如图4-4所示，其主要组成有：定子、转子、叶

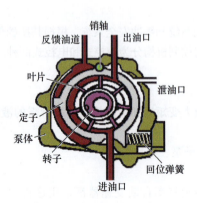

图4-3 叶片泵结构示意图

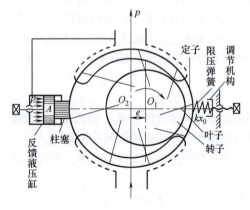

图4-4 变量叶片泵结构示意图

片、限压弹簧、调节机构（螺钉）、反馈液压缸等。采用这种油泵的车型有福特、马自达、大宇等品牌的汽车。这种叶片泵的定子不是固定在泵壳上，而是绕一个销轴作一定的摆动，以改变定子与转子的偏心距，从而改变油泵的排量。

三、控制机构

（一）调压阀

1. 主调压阀

（1）**功用** 根据节气门开度和变速杆位置的变化，将油泵油压调节至规定值，形成稳定的工作油压；同时向第二调压阀提供 ATF 和油压，该油压用于操纵自动变速器内所有离合器和制动器的动作，也是自动变速器内所有其他压力的压力源，是最重要、最基本的压力。

（2）**结构** 主调压阀由主、副滑阀，阀体及弹簧等组成。

（3）**工作原理** 主滑阀受四个力作用，其工作原理如图 4-5 所示。

1）管路压力作用于 A 面——调压。
2）弹簧的张力——基本压力。
3）节气门阀压力作用于 C 面——根据节气门开度调节油压。
4）手控阀 R 档油压作用于 B-C 面——倒档增压。

油泵运转，其液压油进入主调压阀，经调压后的油路压力，便可根据需要稳定在某一数值。

（4）**说明**

1）当节气门开度较大时，由于发动机输出功率和自动变速器所传递的转矩都较大，为了防止离合器、制动器等换档执行元件打滑，主油路油压应能随着节气门开度的增大而升高，此时节气门阀压力反馈至主调压阀弹簧端，以使主油路油压升高。

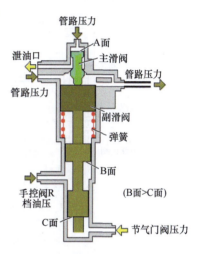

图 4-5 主调压阀工作原理

2）因为倒档使用时间短，为了减小自动变速器尺寸，倒档离合器和倒档制动器在设计上采用了较少的摩擦片，但其传递的转矩又较前进档大，为了防止其打滑，要求倒档工作时油压要高，此时手控阀 R 档油压反馈至主调压阀下端，以使主油路油压升高。

2. 第二调压阀

（1）**功用** 将主油路 ATF 减压后送入液力变矩器，并使其压力保持在 196~490kPa；当发动机停止转动时，关闭液力变矩器的油路，以保证下次正常传递转矩；同时将液力变矩器内受热后的 ATF 送至散热器冷却，并让一部分冷却后的 ATF 流回齿轮变速机构，对轴承及齿轮进行润滑。

（2）**结构** 第二调压阀由滑阀、阀体、弹簧等组成。

（3）**工作原理** 当供给液力变矩器的油压升高时，阀芯上端面 D 面作用压力上升，迫使阀芯下移，打开泄油口泄压。第二调压阀工作原理如图 4-6 所示。

3. 节气门阀

（1）**功用** 产生与节气门开度成正比的节气门阀压力信号，经节气门阀压力修正阀修正后，作用于主调压阀的阀芯

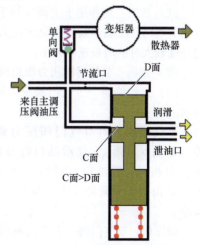

图 4-6 第二调压阀工作原理

下端，使主调压阀所调节的管路压力随节气门开度增大而增大。

（2）**结构**　节气门阀由滑阀、柱塞及弹簧等组成。

（3）**工作原理**　踩下加速踏板，柱塞上移，弹簧张力增大，管路油压阀口 A 被打开，产生节气门阀压力，节气门阀工作原理如图 4-7 所示。

节气门阀压力除作用于节气门阀压力修正阀外，也作用于节气门阀 B 处与弹簧弹力平衡。

4. 单向阀（或助力阀）

（1）**功用**　当自动变速器进入 2 档以上，节气门开度稍大时，用于加速踏板助力。

（2）**结构**　单向阀由滑阀、弹簧等组成。

（3）**工作原理**　单向阀的工作原理如图 4-8 所示。

当自动变速器进入 2、3、4 档时，来自 B_2 的管路压力迫使单向阀阀芯下移，节气门阀压力经单向阀送至节气门阀的柱塞（C-D）处，产生一个向上的推力，从而使加速踏板操作轻便。

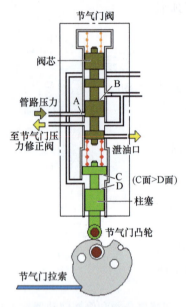

图 4-7　节气门阀工作原理

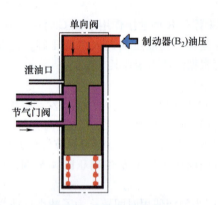

图 4-8　单向阀工作原理

5. 节气门阀压力修正阀

（1）**功用**　将作用于主调压阀下端的节气门阀压力转换成随节气门开度成非线性变化的压力，以使管路压力在节气门开度较大时的增长速率减小。

（2）**结构**　节气门阀压力修正阀由滑阀、弹簧等组成。

（3）**工作原理**　节气门阀压力修正阀工作原理如图 4-9 所示。

节气门压力对节气门阀压力修正阀阀芯上下作用力差（B 面 > A 面），使泄油口打开前，修正压力与节气门阀压力相同，泄油口打开后，修正压力低于节气门阀压力，从而保证了管路压力在节气门开度较大时的增长速率减小。

调压阀、节气门阀、节气门阀压力修正阀及单向阀工作原理如图 4-10 所示。

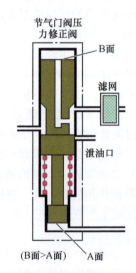

图 4-9　节气门阀压力修正阀工作原理

项目四 液压控制系统检修

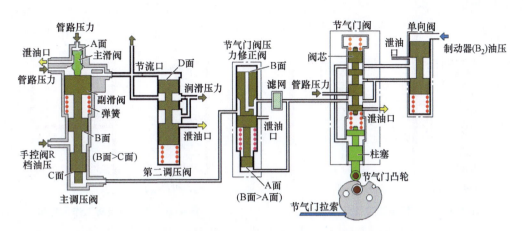

图 4-10 调压阀、节气门阀、节气门阀压力修正阀及单向阀工作原理

（二）开关阀

1. 手动阀

（1）**功能** 手动阀是自动变速器一个重要的开关阀，它通过连杆与变速杆相连，通过变速杆可以把控制阀拉动至 P、R、N、D、2、L 等档位，以实现油路转换，实现自动变速器不同的变速范围。手动阀因自动变速器型号及自动变速器档数的不同而异，但因它们都是开关滑阀，因此结构原理是一致的，只是油道的通路数量不同而已。

（2）**控制原理** 手动阀结构示意图如图 4-11 所示，主油路的 ATF 从手动阀的 2 油口进入，其余油口均为出油口或泄油口，出油口经控制阀与各换档执行元件相通，各出油口的走向如下。

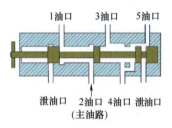

图 4-11 手动阀结构示意图

当手动阀置于 R 位，第 1 油口与主油路进油口（第 2 油口）相通，此时主油压便经开关阀送入第 1 油口，B_3、C_2 工作，自动变速器 R 位运行。

当手动阀推入 D 位，第 3 油口与第 2 油口相通，主油压便通过第 3 油口送往相应的控制阀和执行元件。

当手动阀推入 2 位时，手动阀第 3 油口及第 4 油口与第 2 油口相通，于是主油压便分别送入与 2 档有关的控制阀和执行元件。

当手动阀推入 L 位时，第 3、4、5 油口与第 2 油口相通，此时控制阀和执行元件限制自动变速器只在 1 档行驶。

2. 换档阀

自动变速器通常采用 3 个换档阀，分别由 3 个电磁阀来控制，并通过 3 个换档阀之间油路互锁作用，实现 4 个档位的变换。

（1）**1-2 换档阀**（图 4-12） 控制自动变速器在 1 档和 2 档之间变换。

当 ECU 不对电磁阀②通电时，管路压力作用在阀芯上端，使阀芯下移，自动变速器进入 1 档。

当 ECU 对电磁阀②通电时，作用在阀芯上端的管路压力由电磁阀②排放掉，阀芯在弹簧作用下上移，自动变速器进入 2 档。

（2）**2-3 换档阀**（图 4-13） 控制自动变速器在 2 档和 3 档之间变换。

当 ECU 对电磁阀①通电时，作用在阀芯上端的管路压力由电磁阀①排放掉，阀芯在弹簧作用下上移，自动变速器进入 2 档。

当 ECU 使电磁阀①断电时，管路压力作用在阀芯上端，使阀芯下移，自动变速器进入 3 档。

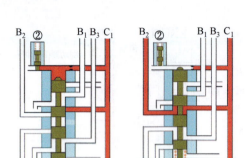
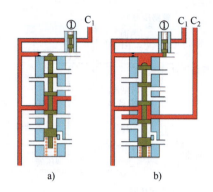

图 4-12　1-2 换档阀工作示意图　　　　图 4-13　2-3 换档阀工作示意图
a) 阀芯下移 "1" 档　b) 阀芯上移 "2" 档　　a) 阀芯上移 "2" 档　b) 阀芯下移 "3" 档

(3) 3-4 换档阀（图 4-14）　控制自动变速器在 3 档和 4（O/D）档之间变换。

当 ECU 对电磁阀②通电时，作用在阀芯上端的管路压力由电磁阀②排放掉，阀芯在弹簧作用下上移，自动变速器进入 3 档。

当 ECU 使电磁阀②断电时，管路压力作用在阀芯上端，使阀芯下移，自动变速器进入 4 档。

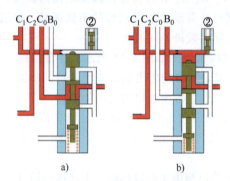

图 4-14　3-4 换档阀工作示意图
a) 阀芯上移 "3" 档　b) 阀芯下移 "4" 档

不同档位时 3 个换档阀在阀芯所处的位置见表 4-1。

表 4-1　不同档位时 3 个换档阀在阀芯所处的位置

	电磁阀①	电磁阀②	1-2 换档阀	2-3 换档阀	3-4 换档阀
1 档	ON	OFF	1-2 阀下位	2-3 阀上位	3-4 阀上位
2 档	ON	ON	1-2 阀上位	2-3 阀上位	3-4 阀上位
3 档	OFF	ON	1-2 阀上位	2-3 阀下位	3-4 阀上位
4 档	OFF	OFF	1-2 阀上位	2-3 阀下位	3-4 阀下位

3. 强制降档阀

强制降档阀是在汽车加速或上坡发动机动力不足时，急速将所在档位降下 1 档的开关阀，其结构示意图如图 4-15 所示。

该阀装在节气门阀体的下部，与节气门阀连动，该阀待命的强制降档油压由强制降档调压阀送来的 ATF（作为稳压介质）提供，在需要降档时，驾驶人在节气门全开的基础上再将加速踏板踏到底，此时使强制降档阀打开通往换档阀的油道，于是待命的强制降档油压便送入各换档阀，并在所在档位助节气门阀油压一臂之力,将该档换档阀压下,使自动变速器强行降低1档。

强制降档油压低于主油压,因此把主油压经强制降档调压阀调压后送入强制降档阀待命。

4. 锁止离合器控制阀

锁止离合器控制阀包括:锁止电磁阀、锁止信号阀、锁止继动阀。

(1) 锁止电磁阀 锁止电磁阀采用脉冲式。ECU 通过控制输出脉冲信号占空比的大小,调节锁止电磁阀的开度,以控制作用在锁止信号阀和锁止继动阀上的油压。

(2) 锁止信号阀 锁止信号阀由滑阀和弹簧组成,受控于锁止电磁阀,控制来自 B_2 的管路压力,锁止信号作用于锁止继动阀。

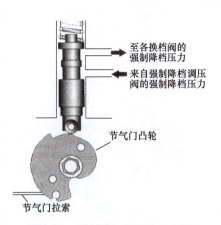

图 4-15 强制降档阀结构示意图

(3) 锁止继动阀 锁止继动阀由滑阀和弹簧组成。根据锁止信号阀的锁止信号,通过改变通往液力变矩器的 ATF 的流向,使液力变矩器内的锁止离合器适时地接合与分离。

(4) 锁止控制原理及控制过程 锁止电磁阀通电,阀门打开泄压,锁止信号阀阀芯上移,使 B_2 的管路油压作用于锁止继动阀下端,使阀芯上移,锁止离合器接合(图 4-16)。

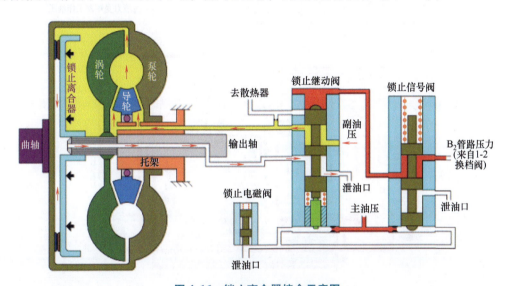

图 4-16 锁止离合器接合示意图

锁止电磁阀断电,阀门关闭,锁止信号阀阀芯在管路油压作用下下移,B_2 的管路油压不再作用于锁止继动阀下端,而从油泵来的管路油压作用于锁止继动阀上端,使阀芯下移,使通向液力变矩器的 ATF 改变流向,锁止离合器分离(图 4-17)。

四、01N 自动变速器油路分析

1. P、N 位油路原理

P、N 位油路如图 4-18 所示,当自动变速器变速杆位于 P 或 N 位时,起动发动机,通过液力变矩器泵轮轴驱动油泵建立油压。主油压调节阀调节主油路油压,同时向液力变矩器供油。在 P、N 位时手动阀油路是关闭的,ECU 对 3 个换档电磁阀(N88、N89、N90)的指令是"101"(1 代表 ECU 控制搭铁,0 代表未控制),也就是 ECU 对 N88 和 N90 两个电磁阀发出控制搭铁的指令。

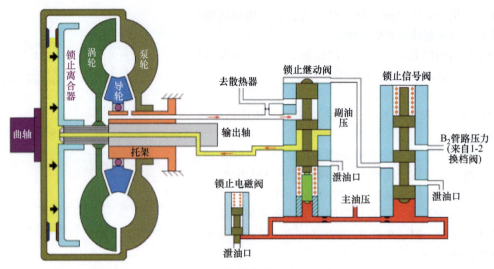

图 4-17 锁止离合器分离示意图

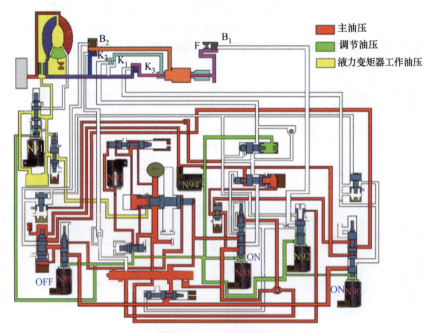

图 4-18 P、N 位油路

由于 01N 自动变速器所有的电磁阀都是在断电状态下泄油的,也就是电磁阀在 ECU 不控制时泄油口始终是打开的,因此当 ECU 对 N88 和 N90 两个电磁阀发出搭铁指令后,两个电磁阀的泄油口关闭,N88 电磁阀作用的 K_1 换档阀和 N90 电磁阀作用的 K_3 换档阀处就有了电磁阀调节压力,该压力能够克服两个滑阀上端的弹簧压力而位移;N89 电磁阀没有受到控制,因此其泄油口是打开的,B_2 换档阀处没有电磁阀调节压力。由于手动阀处于关闭状态,因此在 K_1、K_3 及 B_2 换档阀处不能形成系统压力,所以自动变速器所有用油元件都没有工作而不能输出动力。且在 P 位时锁止机构将输出轴锁止,所以车辆不能移动。

2. R 位油路原理

R 位油路如图 4-19 所示,变速杆位于 R 位时,经过油泵加压和调压阀调节后的油压,通过改变手动阀位置打开两条油路:一条经过一个截流球迅速接通到离合器 K_2 上;另一条也是经过一个

截流球通过 B_1 供给阀阻尼孔接通到低/倒档制动器 B_1 上。离合器 K_2 工作,驱动行星排中大太阳轮;制动器 B_1 工作,将行星架锁定,这样便在单排齿轮机构里通过固定行星架实现了倒档功能。

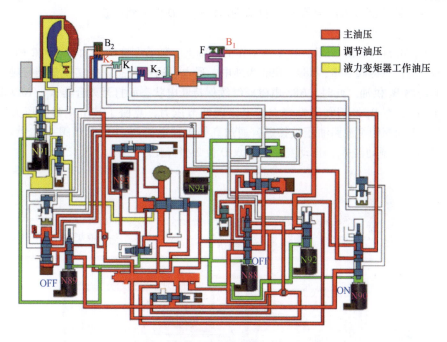

图 4-19　R 位油路

3. D 位 1 档油路原理

D 位 1 档油路如图 4-20 所示,当变速杆位于 D 位时,ECU 根据节气门位置信号、车速信号等检测到汽车要进入 1 档行驶时,ECU 对 3 个电磁阀的指令是 "001",即 N88、N89、N90 电磁阀的通电情况是:断电、断电、通电。

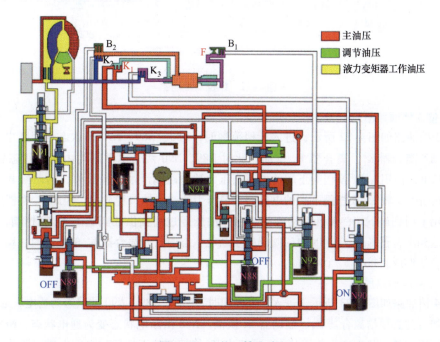

图 4-20　D 位 1 档油路

为了使自动变速器满足 D 位 1 档行驶，必须给离合器 K_1 供油，因为 N88 电磁阀断电，所以 N88 电磁阀泄油口打开，K_1 换档阀下移到原始位置，从手动阀来的油压经过 K_1 换档阀→K_1 供油/泄油转换阀→K_1 协调阀进入离合器 K_1，自动变速器进入 D 位 1 档行驶。

4. D 位 2 档油路原理

D 位 2 档油路如图 4-21 所示，在 1 档工作的基础上，随着车速的增加，进入 2 档车速范围时，ECU 控制 3 个换档电磁阀 N88、N89、N90 为断电、通电、通电状态。要实现 2 档行驶，必须给离合器 K_1、制动器 B_2 供油。此时，N88 电磁阀继续保持断电状态而打开离合器 K_1，N89 电磁阀通电使得泄油口关闭，在 B_2 换档阀下端建立起电磁阀调节压力，克服了其上端弹簧压力推动滑阀上移，从而来自手动阀的主油路油压被接通，通过高档供油电磁阀→B_2 换档阀→B_2 供油/泄油转换阀→B_2 协调阀进入制动器 B_2，自动变速器进入 D 位 2 档行驶。

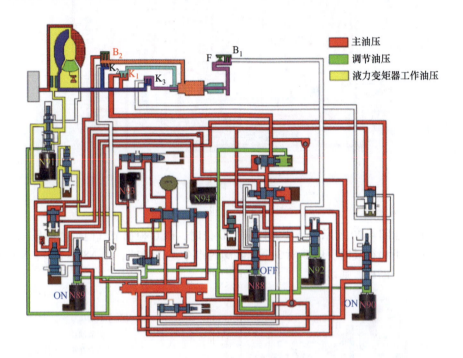

图 4-21 D 位 2 档油路

5. D 位 3 档油路原理

D 位 3 档油路如图 4-22 所示，进入 3 档范围时，N88、N89、N90 的状态均为断电。要实现 3 档行驶必须给离合器 K_1、离合器 K_3 供油。此时 N89、N90 两个电磁阀均由通电状态变为断电状态，N89 断电，作用在 B_2 换档阀下端的电磁阀压力被电磁阀泄油口释放掉，制动器 B_2 停止工作；N90 电磁阀断电又将 K_3 换档阀下端的电磁阀调节压力通过泄油口释放掉，因此 K_3 换档阀在上端弹簧力的作用下回到最下端，来自手动阀的主油路油压经过高档供油阀送入 K_3 换档阀，再经过 K_3 协调阀接通到离合器 K_3 上。N88 电磁阀仍处于断电状态而打开离合器 K_1 的油路时，K_1 和 K_3 两个离合器接合便形成直接档 3 档油路。

6. D 位 4 档油路原理

D 位 4 档油路如图 4-23 所示，进入 4 档范围时，N88、N89、N90 的状态为通电、通电、断电。要实现 4 档行驶必须给离合器 K_3、制动器 B_2 供油。N88 由断电状态变为通电状态，N88 电磁阀的泄油口由原来的打开状态变为关闭状态，这样在 K_1 换档阀的下端便建立起电磁阀调节压力，该压

项目四　液压控制系统检修

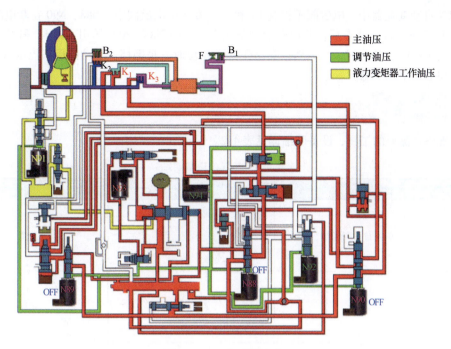

图 4-22　D 位 3 档油路

力克服 K_1 换档阀上端弹簧压力推动滑阀上移切断去往离合器 K_1 的油路，离合器 K_1 停止工作；N89 电磁阀由断电状态变为通电状态时，泄油口由打开状态变为关闭状态，这样在 B_2 换档阀的下端又建立起电磁阀调节压力，该压力克服 B_2 换档阀上端弹簧压力推动换档阀上移，来自手动阀的主油路油压接通到 B_2；N90 电磁阀仍然处于断电状态，离合器 K_3 油路仍然接通。因此就形成了离合器 K_3 驱动行星架，制动器 B_2 固定前太阳轮的超速档。

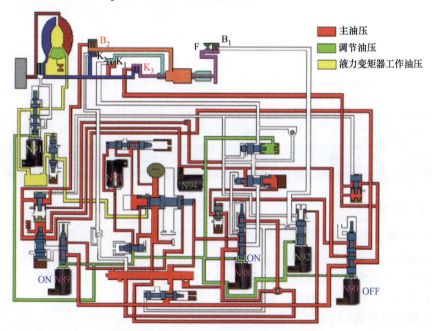

图 4-23　D 位 4 档油路

在 01N 自动变速器中，电磁阀不控制 K_2 和 B_1。在 7 个电磁阀中，N88、N90 在断电时起作用，当继电器 J217 进入应急状态后，各电磁阀全部断电，此时 N88、N90 作用，即 K_1 和 K_3 工作，自动变速器变速杆位于 D 位时，是 3 档；变速杆位于 R 位时，是倒档。手动阀用来控制 K_2、B_1，使得倒档无须电控单元控制。

工具准备：需要的工具、设备明细详见表 4-2。

表 4-2　工具、设备明细

件号	名称	型号及规格	数量
1	01N 自动变速器		4 个
2	ATF		4 桶
3	化油器清洗剂		4 瓶
4	毛刷		4 把
5	橡皮锤		4 把
6	游标卡尺		4 把

任务一　液压控制系统的检修

一、ATF 泵检修

1. 油泵的分解（图 4-24）

1）拆下油泵后端轴颈上的密封环。
2）按照交叉对称的顺序依次松开转子轴与油泵体上的固定螺钉，打开油泵。
3）用油漆在外齿轮上做一标记，取出外齿轮及内齿轮。
4）拆下油泵前端盖上的油封。

在分解油泵时应注意，不要损坏铝合金的油泵前端盖，不可用油泵冲子在油泵齿轮和油泵壳上做标记。

项目四　液压控制系统检修

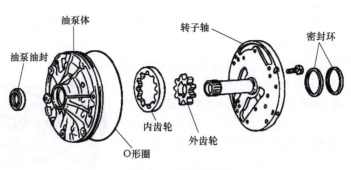

图 4-24　油泵的分解

2. 油泵零件的检修

1）用塞尺分别测量油泵内齿轮外圆与油泵壳体（泵壳）之间的间隙（图 4-25a）、主动齿轮及从动齿轮的齿顶与月牙隔板之间的间隙（图 4-25b）、主动齿轮及从动齿轮端面与泵壳平面的间隙（图 4-25c）。将测量结果与表 4-3 对照。若不符合标准，应更换齿轮、泵壳或油泵总成。

图 4-25　油泵齿轮间隙测量示意图

表 4-3　油泵测量标准

项　目	标准间隙/mm	最大间隙/mm
内齿轮外圆与泵壳间隙	0.07~0.15	0.3
齿顶与月牙隔板间隙	0.11~0.14	0.3
端面与泵壳平面间隙	0.02~0.05	0.1

2）检查油泵主动齿轮、从动齿轮及泵壳端面有无肉眼可见的磨损痕迹，若有应更换新件。

3）用内径千分表测量泵体衬套内径。最大直径应是 38.19mm。若衬套直径大于规定值，要更换油泵体。

4）测量转子轴衬套直径。测量衬套前后端的直径。前端最大直径应是 21.58mm，后端最大直径应是 27.08mm。若衬套直径超出规定值，要更换转子轴。

5）轴瓦磨损的检查。首先要检查一下液力变矩器驱动油泵的轴颈，如果发现有磨损或伤痕，轻者可用细砂纸打磨，重者则需要更换。在检查完轴颈后，可将带有轴瓦的油泵盖套入并用双手晃动，检查间隙是否过大。若间隙过大，则需换新的轴瓦。更换时，可使用专业工具把轴瓦压出后，再砸入新的轴瓦。

3. 油泵的组装

用干净的煤油清洗油泵所有的零件，在清洗后的零件上涂少许 ATF，按下列步骤组装：

1）在油泵前端盖上装入新的油封。
2）更换所有的 O 形密封圈，并在新的 O 形密封圈上涂 ATF。
3）按与分解相反的顺序组装油泵各零件。
4）按照交叉对称的顺序，依次拧紧油泵盖螺栓，拧紧力矩为 10N·m。
5）在油泵后端轴颈上的密封环槽内涂上凡士林，安装新的密封圈。
6）检查油泵运转性能：将组装后的油泵插入液力变矩器中，转动油泵，油泵齿轮转动应平顺，无异响（图4-26）。

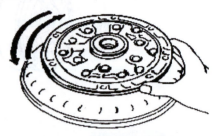

图 4-26　检查油泵运转性能

二、控制阀零件检修

1. 控制阀零件的拆卸

1）从上阀体上取下隔板，取出上阀体油道内的所有单向阀。
2）取出上阀体中的各控制阀。在拆出每个控制阀时，应先取出锁销和柱塞，再让阀芯和弹簧从阀孔中自由落出。若阀芯在阀孔中有卡滞，不能自由落出，则可用橡皮锤敲击阀板，将阀芯震出（图4-27）。
3）拆出下阀体中所有的控制阀。A341E 自动变速器上阀体分解图如图4-28 所示；下阀体分解图如图4-29 所示；单向阀安装位置结构示意图如图4-30 所示。

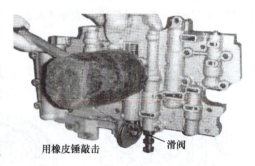

图 4-27　滑阀取出示意图

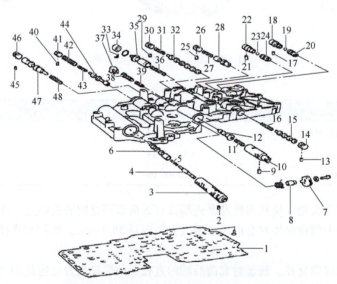

图 4-28　A341E 自动变速器上阀体分解图

1—隔板和衬垫　2、9、13、17、21、25、29、33、40、45—锁销　3—锁止控制阀阀套　4—锁止控制阀　5、11、16、27、31、36、39、42、43、48—弹簧　6—锁止继动阀　7—节气门阀凸轮　8—销套　10—强制降档阀　12—节气门阀　14、18、22、26、30、34、41、46—栓塞　15—3-4 换档阀　19、23—单向阀球　20、24—单向阀　28—倒档控制阀　32—2-3 换档阀　35—前进档减振器活塞　37—锁片　38—节气门阀调节螺钉　44—前进档减振器节流阀　47—变矩器阀

项目四　液压控制系统检修

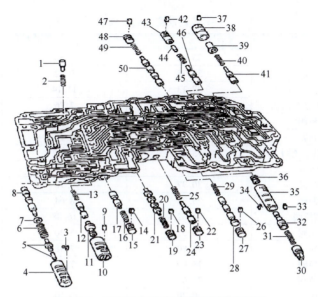

图 4-29　A341E 自动变速器下阀体分解图
1、17—单向阀　2、6、13、16、20、25、29、31、40、45、49—弹簧　3、9、14、18、22、26、33、34、37、42、47—锁销
4、10、35、38、43—阀套　5、11、36、39、44—阀杆　7—垫圈　8—主油路调压阀　12—锁止控制阀
15、19、23、27、30、48—栓塞　21—电磁转换阀　24—电磁调节阀　28—截止阀　32—减振器控制阀
41、46—滑行调节阀　50—换档阀

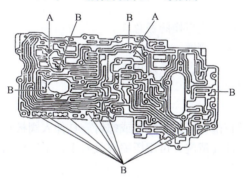

图 4-30　A341E 自动变速器单向阀安装位置结构示意图
A—单向阀阀球（$\varphi=6.35$mm）　B—单向阀阀球（$\varphi=5.54$mm）

2. 阀体零件检修

1) 将上下阀体和所有控制阀的零件用清洁的煤油清洗干净。

2) 检查控制阀阀芯表面，如有轻微刮伤痕迹，可用金相砂纸抛光。

3) 检查弹簧的自由长度和直径（图 4-31）。用游标卡尺检查阀体内所有弹簧的自由长度和直径是否符合标准（表 4-4），如不符合规定要求，应更换。新换弹簧也需要做此项检查。

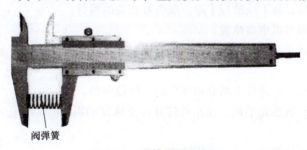

图 4-31　弹簧测量示意图

表 4-4　A341E 自动变速器控制阀弹簧规格

序号	控制阀名称	自由长度/mm	弹簧外径/mm	总圈数
1	锁止继动阀	23.42	5.86	12
2	变矩器阀	36.78	9.22	13.5
3	前进档减振器节流阀 1	37.13	11.14	11
4	前进档减振器节流阀 2	21.50	7.76	11.5
5	强制降档阀	27.25	8.73	12.5
6	节气门阀	17.50	7.20	10
7	前进档减振器节流阀 3	75.26	15.02	17
8	2-3 换档阀	30.77	9.70	10.5
9	3-4 换档阀	30.77	9.70	10.5
10	倒档控制阀	25.38	8.64	9
11	主油路调压阀	40.62	16.88	9.5
12	锁止控制阀	18.52	5.30	13
13	单向阀	18.80	7.48	7.5
14	电磁转换阀	18.80	7.48	7.5
15	电磁调节阀	30.63	7.99	15
16	截止阀	20.30	6.10	13
17	减振器控制阀	34.50	8.85	12.5
18	1-2 换档阀	30.77	9.70	10.5
19	滑行调节阀	19.73	8.04	9.8
20	滑行调节阀	26.11~27.41	8.04	11~12

4）若控制阀卡死在阀孔中，应更换阀板总成。

5）检查滤清器，如有损坏或堵塞，应予以更换。

6）检查隔板，如有损伤或损坏，应予以更换。

7）更换隔板上的纸质衬垫。

3. 注意事项

1）严禁阀芯等重要零件掉落，不得将螺钉或螺钉旋具伸入阀板孔中。

2）阀板分解后，所有零件先清洗，再用压缩空气吹干，不得用棉布擦。

3）检查阀芯能否活动自如。

4）不要在阀板垫、阀芯等处使用密封胶或黏合剂。

5）不要用带磁性的工具拆卸，以防止单向阀阀球被磁化。

6）切勿漏装单向阀，否则会造成相关档位出现严重换档冲击。

7）注意所有部件的前、后、左、右相邻位置，任何失误将会导致阀体无法正常工作。

三、主油路压力的测试

1. 准备工作

1）汽车进入工位前，将工位清理干净，准备好相关的器材。

2）将汽车停驻在举升机中央位置。

3）拉紧驻车制动器手柄，并将自动变速器变速杆置于 P 位（驻车档）。

4）套上转向盘护套、变速杆手柄套和座位套，铺设脚垫。

5）在车内拉动发动机舱盖手柄，在车外打开并支撑发动机舱盖。

6）粘贴翼子板和前格栅磁力护裙（图 4-32）。

图 4-32　粘贴翼子板和前格栅磁力护裙

2. 主油路压力的测试

(1) 注意事项

1) 在 ATF 的正常工作温度为 50~80℃下执行测试。
2) 管路压力测试必须由两人一起完成，一名技师进行测试时，另一名技师应在车外观察车轮或车轮挡块的状况。
3) 注意不要使 SST 软管妨碍排气管。
4) 检测必须在检查和调整发动机之后进行。
5) 检测应在空调关闭的情况下进行。
6) 失速测试时，测试的持续时间不得超过 5s。

(2) 管路压力测试

1) 使 ATF 变暖。
2) 拆下自动变速器壳体左前侧的检测螺塞并连接专用工具 SST 09992-00095（09992-00231，09992-00271），如图 4-33 所示。
3) 完全拉紧驻车制动器手柄并塞住 4 个车轮。
4) 将智能检测仪连接到 DLC3。
5) 起动发动机并检查怠速。
6) 用左脚踩住制动踏板并将变速杆换至 D 位。
7) 在发动机怠速运转时测量管路压力。丰田卡罗拉自动变速器管路压力见表 4-5。
8) 将加速踏板踩到底。发动机转速达到失速转速时，迅速读取最高管路压力，应符合表 4-5 所示要求。
9) 用同样的方法在 R 位测试，应符合表 4-5 的要求。

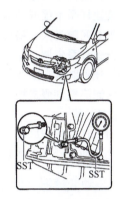

图 4-33 拆下自动变速器壳体左前侧的检测螺塞并连接专用工具

表 4-5 丰田卡罗拉自动变速器管路压力

条 件	D 位/kPa	R 位/kPa
怠速运转时	372~412	553~623
失速测试	1120~1230	1660~1870

任务二 液压控制系统常见故障排除

一、自动变速器在倒档时"不走车"

1. 故障原因

1) 变速杆系统倒档制动带调整不当，或者制动带断裂。
2) 倒档离合器活塞有裂纹、破损或油封漏油，或者离合器片打滑、烧坏。
3) 倒档离合器作用量孔堵塞。
4) 倒档增压阀或低档单向离合器阀卡住。
5) 直接档离合器片烧坏，活塞、壳体破裂，活塞油封损坏或壳体上的回油球阀卡住、漏油。
6) 直接档离合器隔板处量孔堵塞或油道漏油。
7) 前进档离合器没脱开，或控制阀垫片漏油。
8) 油泵间隙过大，油泵调压器卡住，油封、垫片、油管接头等处漏油。

9）中间伺服机构与壳体之间的油封损坏或漏装。

2. 故障检修

1）重新调整，漏油处换垫片或拧紧相关螺栓，或换新件修复。
2）量孔堵塞、单向阀卡住时，通过清洗或换件可恢复其技术状况。
3）对于裂纹、烧坏、磨损严重的，能修则修复，否则予以换件。

二、自动变速器无法挂档

1. 故障原因

1）油压过低或油量不足。
2）变速杆系卡涩或调节不良。
3）油泵间隙过大、垫片损坏或密封不严而漏油。
4）变速杆系失调，变速调压器阀卡住。
5）调速器阀卡在断开位置，其支承座密封环磨损或断裂。
6）强制降档伺服机构、制动带、杆系失效，或离合器伺服机构卡住或失效。

2. 故障检修

1）对卡住件检查原因，对调整不当者重新调整，对漏油者应换垫、换环修复。
2）加足油量，提高油泵出油压力。

三、自动变速器在低速时不能加档

1. 故障原因

1）真空管路漏气或自动变速器壳体渗漏。
2）控制阀总成安装不当，漏油或损坏。
3）节气门强制降档阀卡在开启位置。
4）节气门阀卡住，造成节气门阀压力过大。
5）强制降档电磁阀松动、垫片漏油。

2. 故障检修

堵住漏气、漏油处，消除阀卡住因素。

四、自动变速器油变色或有焦味

1. 故障原因

1）ATF 污染后过脏，或液力变矩器损坏。
2）自动变速器磨损严重。

2. 故障检修

1）更换 ATF 或液力变矩器。
2）分解检修自动变速器。

五、自动变速器仅在各前进档打滑

1. 故障原因

1）油液不足；油液品牌号选择不当；油液中含有空气（如油液呈泡沫状），造成换档时有海绵感。
2）变速杆失调。
3）控制压力调整不当或油泵磨损，阀体变形、发卡或失效。

项目四 液压控制系统检修

4）离合器油封伺服缸及密封圈等有泄漏处，或调速器阀发卡，密封圈泄漏。

5）散热器或滤清器管路有堵塞，造成系统油压过低；蓄能器活塞破损、弹簧折断或油封磨损。

6）单向离合器磨损、离合器盘磨损，不能锁止（仅在1档打滑）。

2. 故障检修

1）向自动变速器注油，查找泄漏部位，若油泵密封垫损坏、螺栓松动或加油管O形密封圈损坏，应予以更换或拧紧。

2）调整拉杆长度，进行液压、气压试验，确定油压低的原因，检修或换下不合格的离合器。

3）核对自动变速器的用油品牌是否正确。

4）检查油泵工作压力和其固定螺栓是否松动。

一、填空题

1. 液压控制系统由_____、_____和_____三个部分组成。
2. 油泵一般有三种：_____、_____和_____。其中_____是最普遍的。
3. 油泵通常由液力变矩器的_____驱动。

二、判断题

1. 自动变速器中的油泵是由电动机驱动的。（   ）
2. 所有的自动变速器的齿轮变速机构都采用行星齿轮机构。（   ）
3. 自动变速器和手动变速器的润滑油是通用的。（   ）
4. 液压控制系统中设置散热器的目的是防止自动变速器因齿轮机构工作时摩擦严重，发热导致自动变速器损坏。（   ）

三、选择题

1. 自动变速器的油泵，一般由（   ）驱动。
   A. 液力变矩器壳体   B. 泵轮   C. 自动变速器壳体   D. 导轮
2. 自动变速器液压控制系统的（   ）是自动变速器控制油液流向的主要装置。
   A. 油泵   B. 阀体   C. 蓄能器   D. 液力变矩器
3. 自动变速器液压控制系统中改善换档品质的有（   ）。
   A. 换档阀   B. 节流阀   C. 调速阀   D. 节气门阀

四、简答题

1. 请简述主油路调压阀和开关阀的功用。
2. 请简述自动变速器液压控制系统控制机构的组成。

项目五　电子控制系统检修

一辆PASSAT B5汽车，装配01N型4档电控液压自动变速器，汽车行驶中，自动变速器出现突然降档现象，降档后发动机转速升高，并产生换档冲击。维修技师确认后，进行故障功能诊断。

知识目标	1）叙述自动变速器电控系统的组成部分及各部分的主要组成零部件
	2）学习电气元件的结构，简述电气元件的工作原理
	3）学习实车电控系统的检测方法
技能目标	1）按照规范正确检修各电气元件
	2）排除电子控制系统的常见故障

自动变速器的电子控制系统包括信号输入装置、执行器和电子控制单元（ECU）三部分。

信号输入装置主要包括节气门位置传感器、车速传感器、发动机转速传感器、输入轴转速传感器、冷却液温度传感器、ATF温度传感器、空档起动开关、强制降档开关、制动灯开关、模式选择开关、O/D开关等。执行器主要包括各种电磁阀和故障指示灯等。电子控制单元主要完成换档控制、锁止离合器控制、油压控制、故障诊断和失效保护等功能。

一、信号输入装置

1. 节气门位置传感器

（1）功用　节气门位置传感器安装在节气门体上，用于检测节气门开度的大小，并将数据传送给ECU，ECU根据此信号判断发动机负荷，调节主油压、控制锁止离合器，从而控制自动变速器的换档。

（2）结构与原理　节气门位置传感器一般是采用线性输出型，也称可变电阻式传感器，其结构与原理如图5-1所示。它实际上是一个滑动变阻器，E1是搭铁端子，IDL是急速端子，VTA是节气门开度信号端子，V_C是ECU供电端子，ECU提供5V恒定电压。当节气门开度增加，节气门开度信号触点逆时针转动，VTA端子输出电压也线性增大。VTA端子输出电压与节气门开度成正比（图5-2）。当急速时，急速开关闭合，IDL端子电压为5V。

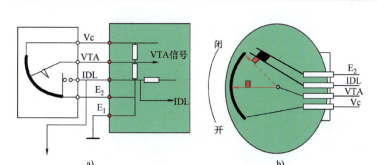
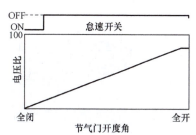

图5-1 节气门位置传感器的结构与原理
a）原理图 b）结构图

图5-2 VTA端子输出电压与
节气门开度的关系

2. 车速传感器

（1）功用 车速传感器用于检测自动变速器输出轴转速，自动变速器的ECU根据车速传感器输入的信号计算出车速，并以此信号控制自动变速器的换档和锁止离合器的锁止。

（2）结构与原理 电磁式车速传感器的外形和结构如图5-3所示。电磁式车速传感器主要由永久磁铁、电磁感应线圈、转子等组成。转子一般安装在自动变速器输出轴上，永久磁铁和电磁感应线圈安装在自动变速器壳体上。当输出轴转动时，转子也转动，转子与传感器之间的空气间隙发生周期性变化，使电磁感应线圈中的磁通也发生变化，从而产生交流感应电压，并输送给ECU。交流感应电压随着车速（输出轴转速）增加具有两个响应特性：一是随着车速的增加，交流感应电压增高；二是随着车速的增加，交流感应电压脉冲频率也增加。ECU是根据交流感应电压脉冲频率的大小计算车速，并以此控制自动变速器的换档和锁止离合器的锁止。

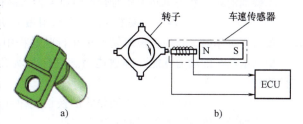

图5-3 电磁式车速传感器的外形和结构
a）外形 b）结构

（3）检测

1）外观检查。检查转子是否有断齿、脏污等情况。

2）检查电磁线圈电阻。关闭点火开关，拔下传感器插头，用万用表欧姆档测量电磁线圈电阻。

3）模拟检查。用交流电压表2V档测量输出电压；起动时应高于0.1V，运转时应为0.4~0.8V；也可用示波器检测输出信号波形是否完整、连续、光滑等。如果检查结果不符合要求，则应更换车速传感器。

3. 冷却液温度传感器

（1）功用 冷却液温度传感器的信号不仅用于发动机的控制，还用于自动变速器的控制。冷却液温度传感器如图5-4所示，当发动机冷却液温度低于设定温度（如60℃）时，发动机ECU会发送一个信号给自动变速器的ECU，以防止自动变速器换入超速档，同时锁止离合器也不能工作。当发动机冷却液温度过高时，ECU会让锁止离合器工作以帮助发动机降低冷却液的温度，防止自动变速器过热。

如果冷却液温度传感器有故障，发动机的ECU会自动将冷却液温度设定为80℃，以便发动机和自动变速器可以工作。

（2）结构与原理 冷却液温度传感器一般都是一个负温度系数的热敏电阻，即温度升高，电阻下降。如图5-4a所示，发动机的ECU接收到一个与冷却液温度成正比的信号，从而得到冷却液温度信号。

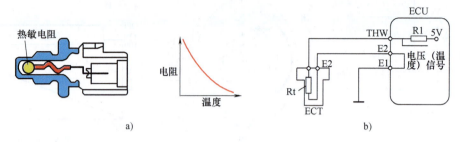

图 5-4 冷却液温度传感器
a) 结构及特性　b) 电路连接

(3) 检测　冷却液温度传感器检测时可以将其放在水杯中进行加热，测量不同温度下的电阻值，并对照维修手册判断其好坏。

4. 模式选择开关

(1) 类型　模式选择开关是供驾驶人选择所需要的行驶或换档模式的开关。常见模式有：

1）经济模式（Economy）。该模式以汽车获得最佳燃油经济性为目标设计换档规律。当自动变速器在经济模式下工作时，其换档规律使汽车在行驶过程中，发动机经常在经济转速范围内运转，降低了燃油消耗。发动机转速相对较低时就会换入高档，即提前升档，延迟降档。

2）动力模式（Power）。该模式以汽车获得最大动力性为目标设计换档规律。当自动变速器在动力模式下工作时，其换档规律使汽车在行驶过程中，发动机经常处在大转矩、大功率范围内运行，提高了汽车的动力性能和爬坡能力。只有发动机转速较高时，才能换入高档，即延迟升档，提前降档。

3）普通模式（Normal）。普通模式的换档规律介于经济模式与动力模式之间，它使汽车既保证了一定的动力性，又有较好的燃油经济性。

4）手动模式（Manual）。该模式让驾驶人可在前进档之间以手动方式选择合适的档位，使汽车像装用了手动变速器一样行驶，而又不必像手动变速器那样换档时必须踩离合器踏板。

5）雪地模式（Snow）。该模式下自动变速器以 2 档起步，避免车辆在附着系数较小的路面上起步打滑。

(2) 结构与原理　图 5-5 所示为常见的具有普通模式和动力模式两种模式的模式选择开关电路，当开关接通 NORM（普通模式），仪表板上 NORM 指示灯点亮，同时自动变速器中 ECU 的 PWR 端子的电压为 0V，ECU 从而知道选择了普通模式。当开关接通 PWR（动力模式），仪表板上 PWR 指示灯点亮，同时自动变速器 ECU 的 PWR 端子的电压为 12V，ECU 从而知道选择了动力模式。

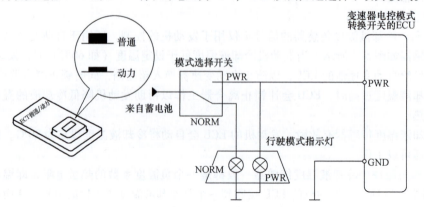

图 5-5 模式选择开关电路

5. 空档起动开关

空档起动开关又称多功能开关 F125，装在自动变速器壳体的手动阀摇臂轴或变速杆上，由变速杆进行控制（图5-6），具有下列功能。

(1) 指示变速杆位置　变速杆的位置利用空档起动开关传给自动变速器控制系统，将换档位置 P、R、N、D、3、2 和 1 传给自动变速器控制单元。

(2) 倒档信号灯的开启　当变速杆置于 R 位时，接通倒档信号灯继电器，倒档信号灯开启。

(3) 空档起动　发动机只有当变速杆在位置 P 或 N 位时才能起动。空档起动开关将变速杆位置处于 P 或 N 位时的信号传给起动继电器，使点火开关能工作。同时，在挂前进档时中断起动机，即制止起动机在汽车进入行驶状态后啮合。

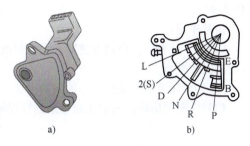

图 5-6　空档起动开关
a) 外形　b) 原理

6. O/D 开关

O/D 开关（超速档开关）一般安装在变速杆上，由驾驶人操作控制，可以使自动变速器有或没有超速档。

O/D 开关位置及电路如图 5-7 所示，当按下 O/D 开关（ON），O/D 开关的触点实际为闭合，此时 ECU 的 OD_2 端子的电压为 0V，自动变速器不能升至超速档，且 O/D OFF 指示灯点亮。当再次按下 O/D 开关，O/D 开关会弹起（OFF），O/D 开关的触点实际为断开，此时 ECU 的 OD_2 端子的电压为 12V，自动变速器可以升至超速档，且 O/D OFF 指示灯不亮。

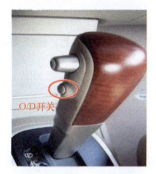 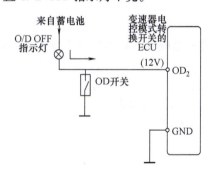

图 5-7　O/D 开关位置及电路

7. 制动灯开关

自动变速器的 ECU 通过制动灯开关检测是否踩下制动踏板（图5-8）。如果踩下制动踏板，ECU 会取消锁止离合器的工作，解除变速杆 P 位和 N 位的锁止。

图 5-8　制动灯开关

信号中断的影响：如果接触点断开，变速杆锁止功能解除。

8. 强制降档开关 F8

该开关与节气门拉索装成一体，加速踏板踏到底并超过节气门全开位置时，此开关工作（图5-9）。

信号作用：

1）压下此开关，自动变速器马上强制换入相邻低档（如从4档到3档）；升档需在发动机转速较高时才进行。

2）如果压下此开关后，为加大输出功率，空调装置切断8s。

信号中断的影响：当加速踏板踏到行程的95%时，控制单元设定该开关工作。

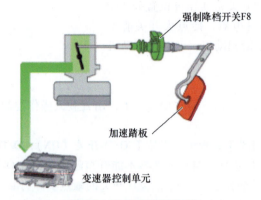

图5-9　强制降档开关 F8

9. 起动锁和倒车灯继电器 J226

起动锁和倒车灯继电器 J226 是一组合继电器，装在中央继电器盘上，接收多功能开关 F125 的信号。

该继电器作用：

1）防止车在挂档后起动机起动。

2）挂上倒档可接通倒车灯。

二、电磁阀

电磁阀根据功能的不同可以分为换档电磁阀、锁止离合器电磁阀和油压电磁阀。根据工作原理的不同可以分为开关式电磁阀和占空比式（脉冲线性式）电磁阀。

绝大多数换档电磁阀采用开关式电磁阀，油压电磁阀采用占空比式电磁阀，而锁止离合器电磁阀采用开关式的和占空比式电磁阀的都有。

1. 开关式电磁阀

（1）**功用**　开关式电磁阀的功用是开启或关闭液压油路，通常用于控制换档阀和部分车型锁止离合器的工作。

（2）**结构与原理**　开关式电磁阀由电磁线圈、衔铁、阀芯等组成，如图5-10所示。当电磁阀通电时，在电磁吸力作用下衔铁和阀芯下移，关闭泄油口，主油压供给控制油路。当电磁阀断电时，在回位弹簧的作用下衔铁和阀

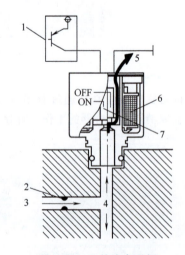

图5-10　开关式电磁阀

1—ECU　2—节流口　3—主油路　4—控制油路
5—泄油口　6—电磁线圈　7—衔铁和阀芯

芯上移，打开泄油口，主油压被泄掉，控制油路压力很小。

2. 占空比式电磁阀

占空比是指一个脉冲周期中通电时间所占的比例（百分数），如图5-11所示。

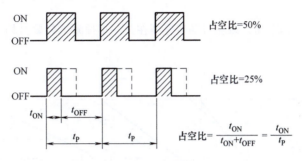

图5-11 占空比

占空比式电磁阀与开关式电磁阀类似，由电磁线圈、滑阀、弹簧等组成，如图5-12所示。它通常用于控制油路的油压，有的车型的锁止离合器也采用此种电磁阀控制。与开关式电磁阀不同的是，控制占空比式电磁阀的电信号不是恒定不变的电压信号，而是一个固定频率的脉冲电信号。在脉冲电信号的作用下，电磁阀不断开启、关闭泄油口。

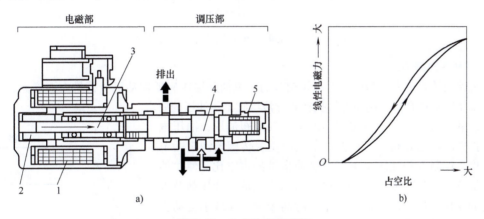

图5-12 占空比式电磁阀
a）结构 b）占空比调节曲线
1—电磁线圈 2—滑阀 3—滑阀轴 4—控制阀 5—弹簧

占空比式电磁阀有两种工作方式：一是占空比越大，经电磁阀泄油越多，油压就越低；另一种是占空比越大，油压越高。

三、电子控制单元（ECU）

电子控制单元英文缩写为ECU，俗称车载电脑。自动变速器的ECU具有换档控制、锁止离合器控制锁、换档平顺性控制、故障自诊断、失效保护等功能。

1. 换档控制

自动变速器换档时刻的控制是ECU最重要的控制内容之一。汽车在某个特定工况下都有一个与之对应的最佳换档时刻，使汽车发挥出最好的动力性和经济性。汽车行驶过程中，自动变速器的ECU根据模式选择开关信号、节气门开度信号、车速信号等参数来打开或关闭换档电磁阀，从而打开或关闭通往离合器、制动器的油路，使自动变速器升档或降档。

图5-13所示为常见4档自动变速器的自动换档，具有如下特点：

1）随着节气门开度增加，升档或降档车速增加。以 2 档升 3 档为例，当节气门开度为 2/8 时，升档车速为 35km/h，降档车速为 12km/h；当节气门开度为 4/8 时，升档车速为 50km/h，降档车速为 25km/h。因此在实际的换档操作过程中，一般可以采用"收油门"的方法来快速升档。

2）升档车速高于降档车速，以免自动变速器在某一车速附近频繁升档、降档而加速自动变速器的磨损。

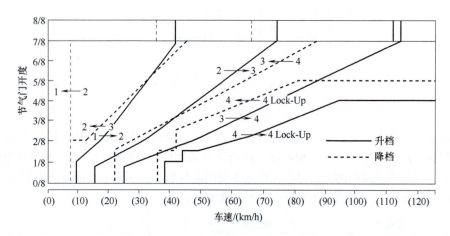

图 5-13　常见 4 档自动变速器的自动换档

2. 控制主油路油压

主油路油压是由主油路调压电磁阀调节的。主油路油压应随发动机负荷增大而增高，以满足传递大功率时对离合器、制动器等执行元件液压缸工作油压的要求。

控制系统以一个油压电磁阀来产生节气门阀油压，油压电磁阀是占空比式电磁阀，ECU 根据节气门位置传感器测定的节气门开度，控制发往油压电磁阀的脉冲信号的占空比，使主油路油压随节气门开度而变化。图 5-14 所示为主油路油压随节气门开度的变化情况。由于倒档使用的时间较少，为减小自动变速器的体积，通常将倒档执行元件的尺寸缩得较小，同时传递转矩较大，因此油压较其他档位时高。

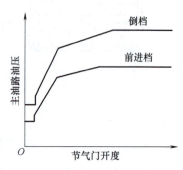

图 5-14　主油路油压随节气门开度的变化情况

除正常的主油路油压控制之外，ECU 还可以根据各个传感器测得的自动变速器的工作条件，在一些特殊情况下，对主油路油压进行适当的修正，使油路油压控制获得最佳效果。例如，在变速杆位于前进低档（S、L 或 2、1）位置时，汽车驱动力相应较大，ECU 自动使主油路油压高于前进档（D 位）时的油压，以满足动力传递的需要。为减小换档冲击，ECU 还在自动变速器换档过程中按照换档时节气门开度的大小，通过油压电磁阀适当减小主油路油压（图 5-15a），以改善换档质量。ECU 还可以根据 ATF 温度传感器的信号，在 ATF 温度未达到正常工作温度时（低于 60℃），将主油路油压调至低于正常值（图 5-15b），以防止因油温低黏度大而产生换档冲击；当自动变速器油温过低时（低于 -30℃），ECU 使主油路油压升至最大值，以加速离合器、制动器的接合，防止温度过低时因自动变速器油黏度过大而使换档过程过于平缓（图 5-15c）；在海拔较高时，发动机输出功率降低，ECU 将主油路油压调至低于正常值，以防止换档时出现冲击（图 5-15d）。

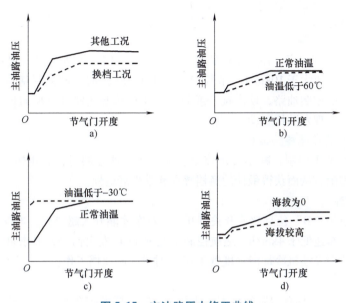

图 5-15 主油路压力修正曲线
a）换档修正 b）油温低修正 c）油温过低修正 d）海拔修正

3. 锁止离合器控制

自动变速器的 ECU 将各种行驶模式下锁止离合器的工作方式编程存入存储器，然后根据各种输入信号，控制锁止离合器电磁阀的通、断电，从而控制锁止离合器的工作。

ECU 在控制锁止离合器接合时，通过改变脉冲电信号的占空比，让锁止离合器电磁阀的开度缓慢增大，以减小锁止离合器接合时所产生的冲击，使锁止离合器的接合过程变得更加柔和。

4. 换档平顺性控制

自动变速器改善换档平顺性的方法有换档油压控制、减小转矩控制和 N-D 换档控制。

1）换档油压控制。自动变速器在升档和降档的瞬间，ECU 会通过油压电磁阀适当降低主油压，以减少换档冲击，改善换档。也有的自动变速器在换档时通过电磁阀来减小蓄能器背压，以减缓离合器或制动器油压的增长率，从而减小换档冲击。

2）减小转矩控制。在自动变速器换档的瞬间，通过推迟发动机点火时刻或减少喷油量，减小发动机输出转矩以减小换档冲击和输出轴的转矩波动。

3）N-D 换档控制。当变速杆由 P 位或 N 位换档于 D 位或 R 位时，或由 D 位或 R 位换档于 P 位或 N 位时，通过调整喷油量，把发动机转速的变化降低到最小限度，以改善换档。

5. 自动模式选择控制

ECU 通过各个传感器测得汽车行驶状况和驾驶人的操作方式，经过运算分析，自动选择采用经济模式、动力模式或普通模式进行换档控制，以满足不同的行驶要求。

ECU 在进行自动模式选择控制时，主要参考变速杆的位置及加速踏板被踩下的速率高低，以判断驾驶人的操作目的，自动选择控制模式。

1）当变速杆位于前进低档（S、L 或 2、1）时，ECU 只选择动力模式。

2）在前进档（D 位），当加速踏板被踩下的速率较低时，ECU 选择经济模式；当加速踏板被踩下的速率超过控制程序中所设定的速率时，ECU 由经济模式转变为动力模式。ECU 将车速和节气门开度的组合分为一定数量的区域，每个区域有不同的节气门开启速率的程序设定值。车速越低或节气门开度越大时，其设定值越小，也就越容易选择动力模式。

3）在前进档（D 位），ECU 选择动力模式时，一旦节气门开度低于 1/8，换档规律即由动力模式转换为经济模式。

6. 发动机制动作用控制

ECU 按照设定的控制程序，在变速杆位置、车速、节气门开度等满足一定条件（如变速杆位于前进低档位置，且车速大于 10km/h，节气门开度小于 1/8）时，向强制制动器电磁阀发出电信号，打开强制制动器的控制油路，使之接合或制动，让自动变速器具有反向传递动力的能力，从而在汽车滑行时可以实现发动机制动。

7. 使用输入轴转速传感器的控制

ECU 在进行换档油压控制、减小转矩控制、锁止离合器控制时，利用输入轴转速进行计算，使控制的时间更加准确，从而获得最佳的换档感觉和乘坐舒适性。

8. 超速行驶控制

只有当变速杆位于"D"位且超速开关打开时，汽车才能升入超速档。当汽车以巡航方式在超速档行驶时，若实际车速低于 4km/h，巡航控制单元向 ECU 发出信号，要求自动退出超速档；还可以防止自动变速器在发动机冷却液温度低于 60℃ 时进入超速档工作。

9. 故障自诊断

电控自动变速器 ECU 具有内置的自我诊断系统，它不断监控各传感器、信号开关、电磁阀及其电路。当有故障时，ECU 使故障指示灯闪烁，以提醒驾驶人或维修人员，并将故障内容以故障码的形式存储在存储器中，以便维修人员采用人工或仪器的方式读取故障码。当故障排除后，故障指示灯将停止闪烁，不过故障码仍然会保留在 ECU 存储器中。

10. 失效保护

当自动变速器出现故障时，为了尽可能使自动变速器保持最基本的工作能力，以维持汽车行驶，便于汽车进厂维修，电控自动变速器的 ECU 都具有失效保护功能。

(1) 传感器出现故障时 ECU 所采取的失效保护措施

1) 节气门位置传感器出现故障时，ECU 根据怠速开关的状态进行控制。当怠速开关断开时（加速踏板被踩下），按节气门开度为 1/2 进行控制，同时节气门阀油压为最大值；当怠速开关接通时（加速踏板完全放松），按节气门处于全闭状态进行控制，同时节气门阀油压为最小值。

2) 车速传感器出现故障时，ECU 以发动机转速信号作为替代值进行自动换档控制。

3) 冷却液或 ATF 温度传感器出现故障时，通常 ECU 按温度为 80℃ 的设定进行控制。

(2) 电磁阀出现故障时 ECU 所采取的失效保护措施

1) 换档电磁阀出现故障时，ECU 一般会将自动变速器锁档，档位与变速杆的位置有关。

2) 锁止离合器电磁阀出现故障时，ECU 会停止锁止离合器的控制，使锁止离合器始终处于分离状态。

3) 油压电磁阀出现故障时，ECU 会停止油压的控制，使油路压力保持为最大。

工具准备：需要的工具、设备明细详见表 5-1。

表 5-1 工具、设备明细

件号	名称	型号及规格	数量
1	01N 自动变速器		4个

(续)

件号	名称	型号及规格	数量
2	01N 自动变速器拆装专用工具（组合）		4 套
3	常用拆装工具套装		4 套
4	维修手册		4 本
5	万用表		4 块
6	故障诊断仪		4 套

任务一　电控系统的检测

1. 节气门位置传感器检测

(1) 检测传感器电阻　关闭点火开关，拔下传感器插接器插头，用万用表的欧姆档测量各端子之间的电阻值。各档位标准电阻值见表5-2。如果电阻值不正常，应更换节气门位置传感器。

表5-2　各档位标准电阻值

限位螺钉与限位杆之间间隙/mm	测量端子	电阻值/kΩ
0	VTA-E2	0.34～6.3
0.45	IDL-E2	≤0.50kΩ
0.55	IDL-E2	∞
节气门全开	VTA-E2	2.4～11.20
—	VC-E2	3.1～7.2

(2) 检测传感器电压　打开点火开关，但不起动发动机，用万用表的电压档测量各端子之间的电压。各端子标准电压值见表5-3。如果电压值不正常，应更换节气门位置传感器。

表5-3　各端子标准电压值

测量端子	测量条件	电压值/V
IDL-E2	节气门全开	9～14
VC-E2	—	4.0～5.5
VTA-E2	节气门全闭	0.3～0.8
	节气门全开	3.2～4.9

2. 冷却液温度传感器检测

将冷却液温度传感器放在水杯中进行加热,测量不同温度下的电阻值,并对照维修手册判断其好坏。

3. 开关式电磁阀的检测

(1) 检查电磁阀电阻 脱开电磁阀插接器,测量电磁阀端子与车身搭铁之间的电阻(图5-16)。

(2) 检查电磁阀的工作(图5-17) 用蓄电池给电磁阀通电,检查是否有工作响声。

(3) 检查电磁阀的漏气(图5-18) 拆下电磁阀,施加0.5MPa的压缩空气,检查电磁阀是否漏气。如果不符合规定应更换电磁阀。

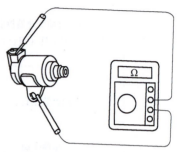

图5-16 检查电磁阀电阻

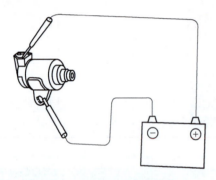

图5-17 通电检查电磁阀的工作

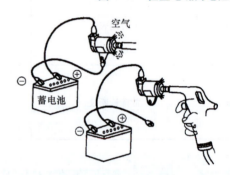

图5-18 检查电磁阀的漏气

任务二 01N 自动变速器电控系统故障诊断

自动变速器电控单元J217内设有一个故障存储器,当被监控的传感器或执行器出现故障时,ECU能立刻识别并将故障以故障码的形式存入故障存储器。可以使用大众公司专用故障诊断仪VAG1551查询故障码及数据流。

1. 进行自动变速器故障自诊断的条件

1) 变速杆放在P位,并拉上驻车制动器手柄。
2) 保持蓄电池电压正常。
3) 熔丝11、15和31号完好。
4) 位于发动机舱蓄电池左侧的搭铁连接线应接触良好,无腐蚀。

2. 功能选择过程

1) 连接故障诊断仪VAG1551。
2) 关闭点火开关,用诊断仪导线VAG1551/3连接好故障诊断仪VAG1551。屏幕显示:

VAG- SELF- DIAGNOSIS	HELP	VAG 自诊断	帮助
1- Rapid date transfer		1-快速数据传输	
2- Flash code output		2-闪烁代码输出	

3) 接通点火开关,按1键,进入"快速数据传输"模式,屏幕显示:

Rapid date transfer	HELP	快速数据传输	帮助
Enter address word × ×		输入地址码 × ×	

4）输入数字键 0 和 2，输入地址码进入"变速器电子系统"，屏幕显示：

Rapid date transfer Q	快速数据传输 Q
02 Gearbox electronics	02 变速器电子系统

5）按 Q 键确认，屏幕显示控制单元识别代码、编码和使用的故障诊断仪 VAG 的经销商代码。屏幕显示：

01N927733BA AG4 Gearbox 01N 2754	01N927733BA AG4 变速器 01N 2754
Coding 00000	编码 00000

6）观察代码是否正确，然后可以进入诊断功能。

7）按→键，显示屏回到"功能选择"状态。根据需要，可以选择以下功能，可选择功能见表 5-4。

表 5-4 可选择功能

代码	功　能
01	查询控制单元版本
02	查询故障码
04	进行基本设定
05	清除故障码
06	结束输出
08	读取测量数据块

3. 查询和清除故障码

1）连接故障诊断仪 VAG1551，输入地址码 02，进入"变速器电子系统"。屏幕显示：

Rapid date transfer HELP	快速数据传输 帮助
Select function ××	功能选择　××

2）输入数字键 0 和 2，查询故障码。屏幕显示：

Rapid date transfer Q	快速数据传输 Q
02- Interrogate fault memory	02-查询故障存储

3）输入 Q 键确认。屏幕上显示出存储的故障数量（× fault recognized）或没有识别到故障（No fault recognized!）。

× fault recognized!	×个故障被识别

4）按→键依次显示所有故障码直至结束。

5）查询到故障码后，屏幕显示：

Rapid date transfer HELP	快速数据传输 帮助
Select function ××	功能选择　××

6）按数字键 0 和 5，清除故障码。屏幕显示：

Rapid date transfer Q	快速数据传输 Q
05 Erase fault memory	05 清除故障存储

7）按 Q 键确认，屏幕显示：

Rapid date transfer	快速数据传输
Fault memory is erased	故障存储器被清除

8）屏幕显示约 5s 后，故障存储被清除。如果在查询故障码和清除故障码过程中点火开关处于关闭状态，那么故障存储将不能被读取和清除。

4. 上海 PASSAT B5 汽车 01N 自动变速器故障码

上海 PASSAT B5 汽车 01N 自动变速器故障码及含义见表 5-5。

表 5-5　01N 自动变速器故障码及含义

故障码	含　义	故障码	含　义
00258	电磁阀 1-N88 导线断路或搭铁短路	00300	油温传感器 G93 无法识别故障类型
00260	电磁阀 2-N89 导线断路或搭铁短路	00518	节气门电位计 G69 信号超出允许值
00262	电磁阀 3-N90 导线断路或搭铁短路	00529	无转速信号
00264	电磁阀 4-N91 导线断路或搭铁短路	00532	电源电压过低
00266	电磁阀 5-N92 导线断路或搭铁短路	00545	发动机/自动变速器电器连接断路/短路
00268	电磁阀 6-N93 导线断路或搭铁短路	00596	传输线间短路
00270	电磁阀 7-N94 导线断路或搭铁短路	00638	发动机/自动变速器电气连接无信号
00281	车速传感器 G68 无信号	00641	ATF 温度信号太大（温度过高）
00293	多功能开关 F125 的开关状态不稳定	00652	档位监控不可靠信号
00297	自动变速器转速传感器 G38 无信号	00660	强制降档开关/节气门电位计不可靠信号
65535	控制单元 J217 损坏		

5. 读取测量数据块

1）连接故障诊断仪 VAG1551，输入地址码 02-变速器电子系统。屏幕显示：

Rapid date transfer　　　　　　　　　　HELP	快速数据传输　　　　　　　　　　帮助
Select function　××	功能选择　××

2）按数字键 0 和 8，读测量数据块。屏幕显示：

Rapid date transfer　　　　　　　　　　Q	快速数据传输　　　　　　　　　　Q
08- Read measured value block	08-读测量数据块

3）按 Q 键确认。屏幕显示：

Basic setting　　　　　　　　　　HELP	基本设定　　　　　　　　　　帮助
Enter display group number　×××	输入显示组号码　×××

4）输入显示组编号，可选择显示组号见表 5-4。按 Q 键确认。测量数据块分成 4 个显示区域。显示区域 1 至 4 中各个数值的意义见表 5-6。屏幕显示：

Read measured value block　1　　　　　　　→	读测量数据块　1　　　　　　　→
1　　　2　　　3　　　→4	1　　　2　　　3　　　→4

表 5-6 显示区域 1 至 4 中各个数值的意义

显示区域 1	2	3	4	显示组编号	显示区域	描 述
读测量数据块		1	→	001	1	变速杆位置
					2	节气门电位计电压
P	0.8V	0%	00000111		3	加速踏板位置的数值
					4	开关位置
读测量数据块		2	→	002	1	电磁阀 N93 实际电流
					2	电磁阀 N93 额定电流
0.983A	0.985A	12.76V	2.50V		3	蓄电池电压
					4	车速传感器 G68 上的电压
读测量数据块		3	→	003	1	车速
					2	发动机转速
0km/h	900r/min	0	0%		3	所选择的档位
					4	加速踏板位置的数值
读测量数据块		4	→	004	1	电磁阀
					2	所选择的档位
1000 00	0	P	0km/h		3	变速杆位置
					4	车速
读测量数据块		5	→	005	1	ATF 温度
					2	变速器输出
40℃	0011011	0	900r/min		3	所选择的档位
					4	发动机转速
读测量数据块		6	→	006	1	可以被忽略
					2	行驶电阻,用级配系数表示
+/−08%	008%	008%	030%		3	运动因素
					4	加速踏板位置的数值
读测量数据块		7	→	007	1	所选择的档位(符号 + 或 − 与显示区域 2 有关)
					2	锁止离合器打滑
1H	+/− 200r/min	900r/min	0%		3	发动机转速
					4	加速踏板位置的数值
读测量数据块		8	→	008	1	可以被忽略
					2	
					3	
					4	

6. 主要电气元件检测

01N 自动变速器主要检测的电气元件有控制单元 J217、变速杆锁止电磁阀 N110、制动指示灯开关 F、电磁阀 1~7(N88~N94)、强制降档开关 F8、ATF 温度传感器 G93、车速传感器 G68、自动变速器转速传感器 G38 等。电气元件测试表见表 5-7 和表 5-8。

表 5-7　电气元件测试表

检测部件	步骤	检测部件	步骤
控制单元 J217	步骤 1	电磁阀 4（N91）	步骤 9
变速杆锁止电磁阀 N110	步骤 2、13	电磁阀 5（N92）	步骤 10
制动指示灯开关 F	步骤 3	电磁阀 6（N93）	步骤 11
节气门电位计 G69	步骤 4	电磁阀 7（N94）	步骤 12
多功能开关 F125	步骤 5	强制降档开关 F8	步骤 14
电磁阀 1（N88）	步骤 6	ATF 温度传感器 G93	步骤 15
电磁阀 2（N89）	步骤 7	车速传感器 G68	步骤 16
电磁阀 3（N90）	步骤 8	自动变速器转速传感器 G38	步骤 17

表 5-8　电气元件测试表（测量电压或电阻）

检测步骤	测试端子	检测内容	检测条件	规定值
1	23 + 1	控制单元 J217 供电	接通点火开关	约为蓄电池电压
2	29 + 15	变速杆锁止电磁阀 N110	接通点火开关，不踩制动踏板 接通点火开关，踩制动踏板	约为蓄电池电压 0.2V
3	15 + 1	制动灯开关 F	接通点火开关，不踩制动踏板 接通点火开关，踩制动踏板	0V 约为蓄电池电压
4	5 + 28	不适用本车		
5	63 + 1	多功能开关 F125	变速杆位于 R、N、D、3、2 变速杆位于 P、1	∞ 0.8～1.0Ω
5	40 + 1	多功能开关 F125	变速杆位于 P、R、2、1 变速杆位于 N、D、3	∞ 0.8～1.0Ω
5	62 + 1	多功能开关 F125	变速杆位于 P、R、N、D 变速杆位于 3、2、1	∞ 0.8～1.0Ω
5	18 + 1	多功能开关 F125	变速杆位于 P、R、N 变速杆位于 D、3、2、1	约为蓄电池电压 0V
6	55 + 67 55 + 1	电磁阀 1（N88）	关闭点火开关	55～65Ω ∞
7	54 + 67 54 + 1	电磁阀 2（N89）	关闭点火开关	55～65Ω ∞
8	9 + 67 9 + 1	电磁阀 3（N90）	关闭点火开关	55～65Ω ∞
9	47 + 67 47 + 1	电磁阀 4（N91）	关闭点火开关	55～65Ω ∞
10	56 + 67 56 + 1	电磁阀 5（N92）	关闭点火开关	55～65Ω ∞
11	58 + 22 58 + 1 22 + 1	电磁阀 6（N93）	关闭点火开关	55～65Ω ∞

项目五 电子控制系统检修

(续)

检测步骤	测试端子	检测内容	检测条件	规定值
12	10 + 67 10 + 1	电磁阀 7（N94）	关闭点火开关	55~65Ω ∞
13	23 + 29	变速杆锁止电磁阀 N110	关闭点火开关	14~25Ω
14	1 + 16	强制降档开关 F8	接通点火开关，不踩加速踏板 踩加速踏板直至触动开关	∞ <1.5Ω
15	6 + 67	ATF 温度传感器 G93	关闭点火开关，20℃ 关闭点火开关，60℃ 关闭点火开关，120℃	247kΩ 48.8kΩ 7.4kΩ
16	20 + 65	车速传感器 G68	关闭点火开关	0.8~0.9kΩ
17	21 + 66	自动变速器转速传感器 G38	关闭点火开关	0.8~0.9kΩ

7. 基本设定

在进行下列修理后，应当进行基本设定：更换发动机；更换发动机控制单元；更换/改变节气门；调整节气门；更换节气门电位计 G69；改变节气门电位计 G69 的设置；更换自动变速器控制单元 J217。

基本设定步骤如下：

1）连接故障诊断仪 VAG1551，输入地址码 02 选择"变速器电子系统"，待屏幕上显示"Select function ××"后，继续执行以后的步骤。屏幕显示：

Rapid date transfer　　　　　　　　　　　　HELP	快速数据传输　　　　　　　　　　　　帮助
Select function　×　×	选择功能　×　×

2）按数字键 0 和 4，用 04 进行基本设定。此时加速踏板应当保持在怠速位置。屏幕显示：

Rapid date transfer　　　　　　　　　　　　　Q	快速数据传输　　　　　　　　　　　　　Q
04- Basic setting	04- 基本设定

3）按 Q 键确认。屏幕显示：

Basic setting　　　　　　　　　　　　　　　HELP	基本设定　　　　　　　　　　　　　　帮助
Enter display group number　×　×　×	输入显示组号码　×　×　×

4）按数字键 0、0 和 0，按 Q 键确认。屏幕显示：

System in basic setting　　　　　　　　　　0→	系统基本设定　　　　　　　　　　0→

5）将加速踏板踩到底，使得换档开关动作并且在该位置上保持 3s。此时系统进行基本设定。按→键，VAG1551 将退回到起始状态。屏幕显示：

Rapid date transfer　　　　　　　　　　　　HELP	快速数据传输　　　　　　　　　　　　帮助
Select function　×　×	选择功能　×　×

课后习题

一、填空题

1. 自动变速器中常用电磁阀的作用主要有_____、_____和_____等。
2. 调速阀根据车速产生油压向换档阀输出油压信号，控制_____。

3. 多数电控自动变速器采用_____个电磁阀控制所有的4个前进档的运作。

4. 电控自动变速器的电磁阀安装于阀体上，按工作原理它可分为_____和_____两种类型。

二、判断题

1. 具有4个前进档的电控自动变速器，应该具有4个电磁阀。（　　）
2. 电控自动变速器的换档电磁阀直接由阀体搭铁，ECU控制其工作电源。（　　）
3. 自动变速器的"发动机制动运行"是指发动机成为负载的一种运行方式。（　　）
4. 自动变速器的滑行方式最适用于长下坡的道路使用。（　　）
5. 变速杆在L位时，自动变速器的运作既有滑行方式也有发动机制动方式。（　　）

三、选择题

1. 当讨论阀体时，技师甲说阀体根据真空度信号确定换档的最佳时机；技师乙说阀体的动作都由电磁阀控制。谁正确？（　　）
   A. 甲正确　　　　B. 乙正确　　　　C. 两人均正确　　　　D. 两人均不正确

2. 技师甲说：各种电子传感器采集的信号可以转变成电信号，传送给电控装置；技师乙说：最广泛的负荷传感器是进气歧管绝对压力传感器。谁正确？（　　）
   A. 甲正确　　　　B. 乙正确　　　　C. 两人均正确　　　　D. 两人均不正确。

3. 技师甲说：在大多数电控换档系统中，节气门开度是一个重要的输入信息；技师乙说：对于电控换档系统，车速是一个重要的输入信息。谁正确？（　　）
   A. 甲正确　　　　B. 乙正确　　　　C. 两人均正确　　　　D. 两人均不正确。

4. 当讨论电控自动变速器控制系统时，技师甲说：电位计式传感器典型地用于测量温度变化；技师乙说：真空调节器用于测量发动机负荷。谁正确？（　　）
   A. 甲正确　　　　B. 乙正确　　　　C. 两人均正确　　　　D. 两人均不正确。

5. 技师甲说：换档总是根据发动机和自动变速器当前的工况进行；技师乙说：自动换档是根据驾驶人的驾驶操作进行。谁正确？（　　）
   A. 甲正确　　　　B. 乙正确　　　　C. 两人均正确　　　　D. 两人均不正确。

6. 检查自动变速器电磁阀时，技师甲用电压表并接在电磁阀两端，以检测电路的好坏；技师乙用电流表串接在电磁阀上以检测阀本身的好坏。谁正确？（　　）
   A. 甲正确　　　　B. 乙正确　　　　C. 两人均正确　　　　D. 两人均不正确。

7. 技师甲说可以将电磁阀搭铁来起动电磁阀；技师乙说换档电磁阀可调节阀体液压。谁正确？（　　）
   A. 甲正确　　　　B. 乙正确　　　　C. 两人均正确　　　　D. 两人均不正确。

四、问答题

1. 自动变速器电子控制单元功用是什么？
2. 电控自动变速器控制系统由几部分组成？各部分的功用是什么？
3. 电控自动变速器中的超速档开关（O/D开关）有什么功用？

项目六 定轴式自动变速器系统检修

一汽大众高尔夫2015款1.4TSI汽车搭载了OAM型DSG（直接换档变速器），车辆发生故障，档位指示灯不停跳动并闪烁，车辆仅能以2档低速行驶，进入维修厂进行检修。根据维修接待和车间检测结果，确认是DSG（直接换档变速器）系统的综合故障。本项目通过对DSG进行检查及相关系统的拆检，完成相关故障诊断与排除。

知识目标	1）简述 DSG 的特点
	2）叙述 DSG 的结构组成，简述其工作原理
	3）通过学习，分析7档和6档 DSG 各档位的动力传递路线
技能目标	1）按照规范正确更换与调整 OAM 型 DSG 的离合器
	2）能对 DSG 进行基本设定

定轴式自动变速器中比较常见的为直接换档变速器（Direct Shift Gearbox, DSG），是大众车系应用较多的自动变速器，也称为双离合器变速器。直接换档变速器将手动变速器和自动变速器的优点结合到一起，既具有自动变速器驾驶舒适性好、换档无冲击等优点，又兼具手动变速器传动效率高、结构强度好、动力性强、经济性好等优点。

目前，直接换档变速器主要有7档 DSG（OAM 型7档干式双离合器变速器）和6档 DSG（02E 型6档湿式双离合器变速器）。

一、7档 DSG

7档 DSG 型号为 OAM，内部代码为 DQ200，是大众集团应用较为普遍的 DSG。

（一）特点

1）变速器结构模块化。离合器、机械电子单元和变速器分别构成一个单元，在结构上相对独立。

2）采用干式双离合器。采用与手动变速器类似的干式离合器，有效地提高了传动效率。

3）机械电子单元和齿轮变速机构具有单独的机油系统，一次性加注，无须更换。

4）变速器机械部分有2个输入轴，3个输出轴，形成7个前进档和1个倒档。

5）按需驱动的油泵。变速器的油泵采用电动机驱动，按照需要由 ECU 控制油泵的动作。

6）无油/水热交换器。由于变速器机械电子单元和齿轮变速机构的机油加注量较少，故没有装置传统的自动变速器的油/水热交换器。

7）结构复杂，成本高。

8）传递的转矩能满足一般车辆要求。在可以承受的范围内，双离合器变速器能够满足一般车辆要求，但对于激烈的驾驶方式，干式离合器在传动过程中会产生过多的热量（而湿式离合器则比较容易打滑）。

9）双离合器变速器是 ECU 控制的智能变速器，它的升、降档需要通过 ECU 向发动机发送信号，并且要等发动机回复并确认后才能完成升降档，故障点增多。

（二）工作原理

7 档 DSG 主要由两个相互独立的子变速器组成（图 6-1），每个子变速器的功能结构都与手动变速器相同，各有一个离合器。两个离合器都是干式离合器，离合器由机械电子单元根据待挂档位进行控制、接合和分离。通过离合器 K_1 以及子变速器 1 和输出轴 1 换到 1、3、5 和 7 档；由离合器 K_2 以及子变速器 2 和输出轴 2 和 3 控制 2、4、6 档和倒档。

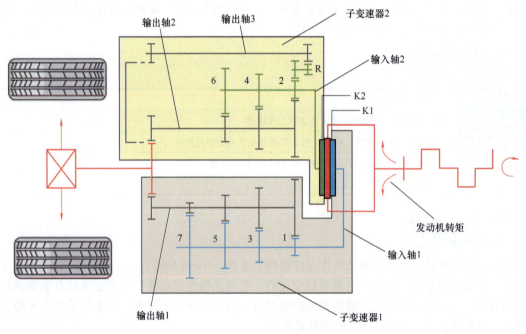

图 6-1　7 档 DSG 原理图

在工作过程中，始终有一个子变速器传递动力，另一个子变速器已经能够换到下一档，因为该档的离合器仍处于分离状态。每个档位都有一个同步器（与常规的手动变速器同步器相同）和换档单元。

（三）组成

7 档 DSG 由双离合器、齿轮变速机构、控制系统（机械电子单元）三部分组成（图 6-2）。

1. 双离合器

（1）结构　双离合器总成位于变速器和发动机之间，负责将发动机的动力传递给变速器的输入轴。转矩通过固定在曲轴上的双质量飞轮传输至双离合器，双质量飞轮中有内齿轮，与双离合器支撑环上的外齿轮相互啮合，这样可以将转矩继续传递到双离合器内部。双离合器外齿轮通过支撑环传递到离合器的主动轮，双离合器的主动轮以浮动轮方式支承在输入轴 2 上，主动轮可以通过与两组离合器的接合，将动力传递给对应的输入轴。

项目六 定轴式自动变速器系统检修

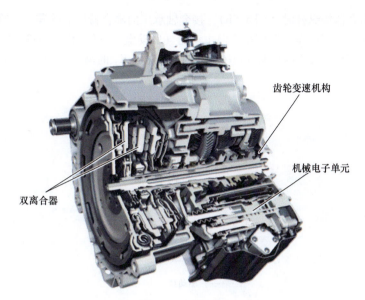

图6-2 7档DSG

双离合器由两个传统离合器接合在一起,包括有一个主动轮(驱动盘)、两个离合器片、两个压盘、两个离合器操纵杆和两个接合轴承(图6-3)。离合器 K_1 和 K_2 位于主动轮(驱动盘)的两侧,离合器 K_1 通过花键毂安装在变速器输入轴1上,离合器 K_2 通过花键毂安装在变速器输入轴2上。

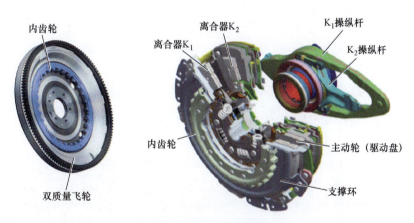

图6-3 双离合器结构

(2) 工作原理 每组离合器都可以单独的实现分离和接合,与手动变速器使用的离合器工作状态相反,离合器属于常分离状态。行驶状态时,电子控制单元按需要控制其中一个离合器接合。

1) 离合器 K_1。离合器 K_1 将1、3、5和7档的转矩传递给输入轴1。

当离合器未操纵时(图6-4a),K_1 离合器片与驱动盘之间存在间隙,没有摩擦力不能进行动力传输;当离合器 K_1 操纵(接合)时(图6-4b),操纵杆将接合轴承压向碟形弹簧,将离合器压盘拉向离合器从动盘以及主动轮(驱动盘),转矩通过离合器驱动盘经从动盘传递给输入轴1。

变速器电子控制单元控制电磁阀 N435 调整离合器 K_1 的液压缸压力,推动离合器 K_1 操纵杆。

2) 离合器 K_2。离合器 K_2 将2、4、6和R位的转矩传递给输入轴2。

当离合器未操纵时(图6-5a),K_1 离合器片与驱动盘之间存在间隙,没有摩擦力不能进行动力传输；当操纵离合器操纵杆时（图6-5b），接合轴承压向离合器压盘的碟形弹簧。由于碟形弹簧支撑在离合器壳体上，因此离合器压盘压向主动轮（驱动盘），转矩传递给输入轴2。

变速器电子控制单元控制电磁阀N439调整离合器K_2的液压缸压力，推动离合器K_2操纵杆。

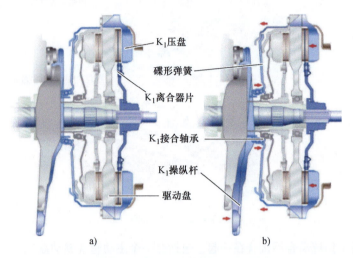

图6-4　离合器K_1结构及工作原理
a）离合器未操纵　b）离合器操纵（接合）

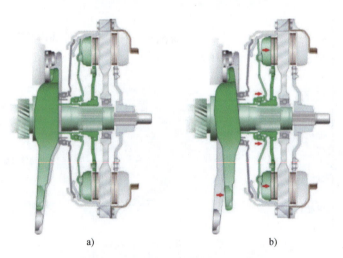

图6-5　离合器K_2结构及工作原理
a）离合器未操纵　b）离合器操纵（接合）

2. 齿轮变速机构

OAM型7档DSG齿轮变速机构的功能与手动变速器齿轮变速机构功能相同，即实现变速、变向、空档，结构采用普通圆柱齿轮（图6-6）。

OAM型7档DSG的齿轮变速机构由5个平行的齿轮轴及轴上相互啮合的多对圆柱斜齿轮组成，其中有2个输入轴和3个输出轴，其结构展开图如图6-7所示。输入轴1通过花键与离合器K_1连接，输入轴2通过花键与离合器K_2连接。输出轴1、输出轴2、输出轴3都是通过输出齿轮与差速器上的主减速器从动齿轮啮合的。变速器输出轴上有换档同步器，以实现换档。

图 6-6　OAM 型 7 档 DSG 齿轮变速机构结构

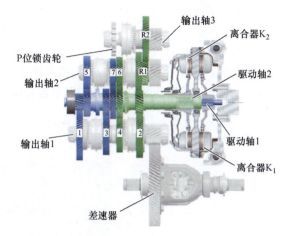

图 6-7　OAM 型 7 档 DSG 齿轮变速机构展开图

(1) 输入轴　变速器的输入轴 1 和输入轴 2 为同轴布置，输入轴 2 为中空轴，输入轴 1 穿过中空的输入轴 2（图 6-8）。每个轴上都有一个将输入轴支承在变速器壳体内的轴承。

1）输入轴 1。输入轴 1 通过花键与离合器 K_1 连接。输入轴 1 上有 1、3、5 和 7 档的主动齿轮和变速器输入转速传感器 G632 的磁性脉冲信号轮，用于获取变速器输入转速，其结构如图 6-9 所示。

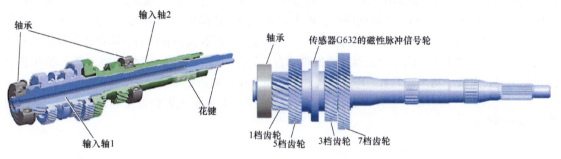

图 6-8　OAM 型 7 档 DSG 输入轴　　图 6-9　OAM 型 7 档 DSG 输入轴 1 结构

2）输入轴 2。输入轴 2 为空心轴，通过花键与 K_2 连接。输入轴 2 上只有 2 个圆柱齿轮，可以作为 2、4、6 档和倒档的主动齿轮，2 档和倒档共用一个主动齿轮，4 档和 6 档共用一个主动齿轮。输入轴 2 上还有变速器输入转速传感器 G612 的齿轮脉冲信号轮，用于获取变速器输入转速，其结构如图 6-10 所示。

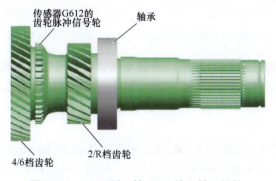

图 6-10　OAM 型 7 档 DSG 输入轴 2 结构

(2) 输出轴

1) 输出轴1。输出轴1上有1、2、3、4档从动齿轮、1/3档同步器、2/4档同步器和输出齿轮，其结构如图6-11所示。输出轴1上的1、3档从动齿轮与输入轴1上的1、3档主动齿轮常啮合，输出轴1上的2、4档从动齿轮与输入轴2上的2、4档主动齿轮常啮合，输出齿轮作为主减速器的主动齿轮与差速器上的主减速器从动齿轮啮合。

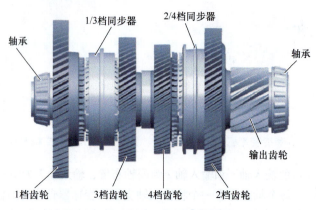

图6-11　OAM型7档DSG输出轴1结构

2) 输出轴2。输出轴2上有5档、6档、7档从动齿轮，R位中间齿轮1，R位中间齿轮2，5/7档同步器，6/R档同步器和输出齿轮，其结构如图6-12所示。输出轴2上5档、7档从动齿轮与输入轴1上的5档、7档主动齿轮啮合，输出轴2上的6档齿轮、R位中间齿轮1与输入轴2上的6档、倒档主动齿轮啮合，R位中间齿轮2与输出轴3上的R位齿轮啮合，输出齿轮作为主减速器的主动齿轮与差速器上的主减速器从动齿轮啮合。5档、6档、7档、R位中间齿轮1和R位中间齿轮2空套安装于输出轴2上，R位中间齿轮1和R位中间齿轮2为刚性一体。

3) 输出轴3。输出轴3上有R位齿轮、R位同步器、P位锁止机构齿轮和输出齿轮，其结构如图6-13所示。

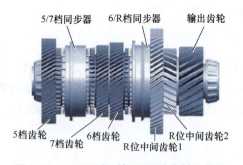 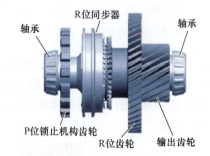

图6-12　OAM型7档DSG输出轴2结构　　　图6-13　OAM型7档DSG输出轴3结构

(3) 同步器　OAM型7档DSG采用同步器换档，换档同步器采用锁环式换档同步器，其结构与手动变速器中锁环式换档同步器一致。该变速器1、2、3档同步器采用三锥面换档同步器，如图6-14所示，4档同步器为两锥面同步器，5、6、7档和倒档同步器为单锥面同步器。

三锥面换档同步器有3个同步环A、B、C，同步环B位于同步环A和C之间，增加了摩擦面积以便于快速同步。同步环A通过外凸台与同步环C的内凹槽连接，同步环B的内凸台与齿轮上的凹槽连接。同步环A与C相对静止，与同步环B可以相对转动。

换档同步器由换档拨叉控制，OAM 型 7 档 DSG 共有 5 个换档同步器，4 个换档拨叉轴，R 位同步器和 6/R 档同步器共有 1 个换档拨叉轴（图 6-15）。

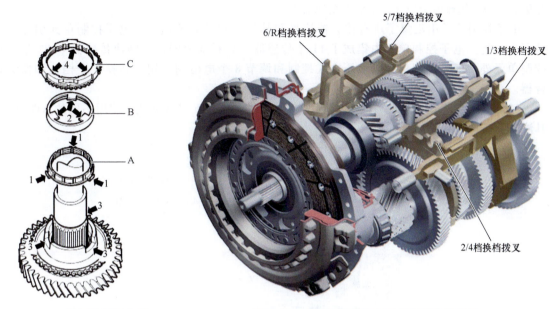

图 6-14　三锥面换档同步器　　　　　图 6-15　OAM 型 7 档 DSG 结构及换档拨叉

换档机构的换档拨叉和活塞相连。为实现档位的变换，油压被供应到换档机构的活塞上，推动活塞移动。当活塞移动时，换档拨叉和滑动齿套也随之移动，滑动齿套使同步器齿接合，形成档位。通过永久磁铁和换档机构位移传感器，变速器控制单元能够准确获得换档机构的当前位置，换档拨叉的控制如图 6-16 所示。

（4）换档控制过程　OAM 型 7 档 DSG 换档过程包括离合器的切换和档位切换，控制顺序为先进行档位切换，然后控制离合器。由于变速器结构的设计，当变速器处于一个档位行驶时，变速器电子控制单元会提前将下一个档位的同步器接合，在换档的时刻，只进行离合器的切换。两组离合器则同时进行分离或接合的控制，因此换档过程中没有动力完全切断的过程，能够保证换档平顺性及良好动力性，离合器控制如图 6-17 所示。

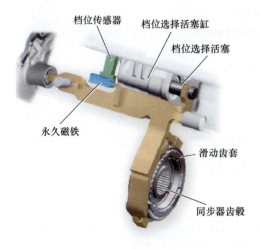
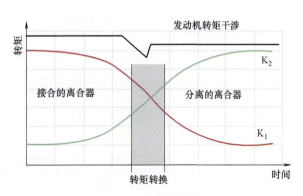

图 6-16　换档拨叉的控制　　　　　图 6-17　离合器控制

3. 控制系统

OAM 型 7 档 DSG 的控制系统由电子控制单元和电液控制单元两部分组成，该变速器将这两部分集成为一个机械电子单元，安装在变速器上。

电子控制单元中汇集了所有传感器信号和其他控制单元的信号，电子控制单元引导和监控所有运行。电子控制单元中集成了 11 个传感器，只有变速器输入转速传感器 G182 位于该控制单元外。电子控制单元以液压方式控制和调节 8 个电磁阀，用以切换 7 个档位和操纵离合器。

(1) 液压系统　OAM 型 7 档 DSG 有两个彼此独立的 ATF 循环回路，使用不同的 ATF 工作，其液压系统如图 6-18 所示。

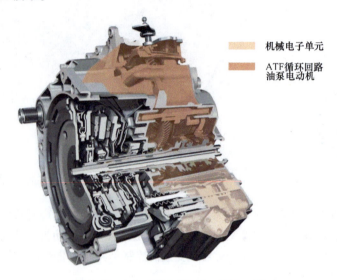

图 6-18　OAM 型 7 档 DSG 液压系统

OAM 型 7 档 DSG 液压控制系统由蓄压器、双齿轮油泵、油泵电动机、变速器压力调节电磁阀、档位调节器电磁阀（N433/N434/N437/N438）、离合器调节器电磁阀以及限压阀、单向阀、压力传感器 G270 等组成，如图 6-19 所示。

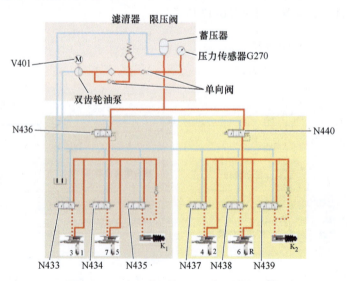

图 6-19　OAM 型 7 档 DSG 液压控制系统

1) 油泵单元。油泵单元安装在机械电子单元内,由一个油泵和一个电动机组成(图6-20a)。油泵按齿轮泵原理工作(图6-20b)。油泵抽吸ATF,然后以大约7MPa的压力将ATF压入油循环回路。ATF在泵壳壁与齿隙之间从抽吸侧输送至压力侧。

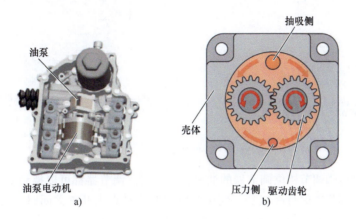

图6-20 OAM型7档DSG油泵
a) 电动机通过插接式联轴器驱动油泵 b) 工作原理

2) 油泵电动机V401。此电动机为无电刷式直流电动机,也由定子和转子组成,转子由6对永久磁铁构成,定子由6对电磁铁构成,如图6-21所示。

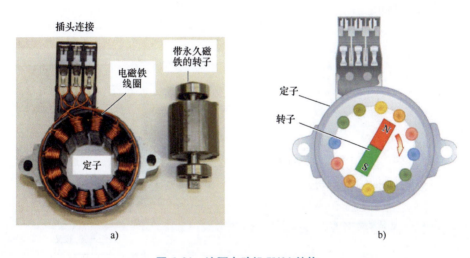

图6-21 油泵电动机V401结构

当系统压力达到6MPa时,电动机停止工作,依靠蓄压器维持压力;当压力降到4MPa时,电动机恢复工作。如果电动机不能被激活,则系统油液压力下降,并且离合器在压力盘弹簧的作用下断开。

3) 压力传感器G270和限压阀。油泵将ATF压过滤清器,并压向限压阀、蓄压器和液压压力传感器方向。限压阀和液压压力传感器上的ATF压力达到大约7MPa时,控制单元关闭电动机和油泵。

4) 档位调节器电磁阀(N433/N434/N437/N438)。档位调节器集成在机械电子单元内(图6-22),档位调节器活塞与换档拨叉连接。换档时,换档拨叉活塞在油压的作用下移动,带动换档拨叉和接合套挂入档位。

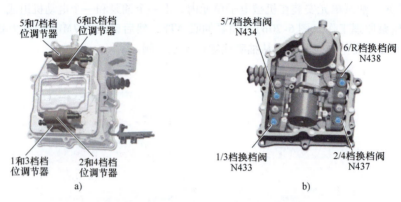

图 6-22 档位调节器和档位调节电磁阀

档位调节器电磁阀调节档位调节器的油量,每个档位调节器都可以换到 2 个档位。如果未换档,则油压使档位调节器保持在空档。变速杆位于 P 位且点火开关关闭时,则挂入 1 档和倒档。工作原理介绍如下(以换 1 档为例):

初始位置状态时,电磁阀 N433 控制油压,使换档活塞处于 N 位,不挂任何档位,如图 6-23a 所示。

换档时,档位选择电磁阀 N433 提升左侧活塞腔的油压,档位选择活塞被推向右侧,与活塞连接的换档拨叉和换档滑套随换档活塞一同向右侧移动,滑动齿套移动到 1 档位置,齿轮接合,形成档位,如图 6-23b 所示。

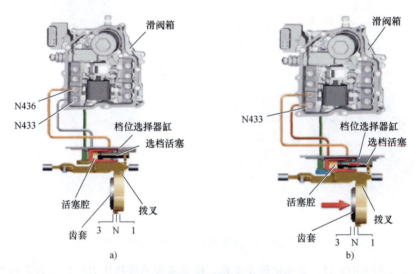

图 6-23 换档控制过程
a)不挂入任何档位 b)挂于 1 档

5)离合器操纵机构。离合器 K_1 和 K_2 的操纵以液压方式实现,在机械电子单元中有 2 个离合器调节器。离合器操纵机构由离合器工作缸和离合器活塞组成。离合器活塞操纵离合器的操纵杆。离合器调节器活塞上有一个永久磁铁,离合器行程传感器识别活塞位置时需要这个磁铁(图 6-24)。

(2)电子控制单元 OAM 型 7 档 DSG 电子控制单元根据输入信号,实现换档控制、离合器控制、驱动油泵、系统压力调节、安全保护等功能(图 6-25)。

项目六 定轴式自动变速器系统检修

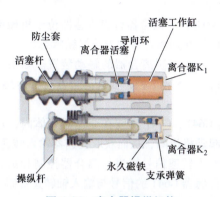

图 6-24 离合器操纵机构

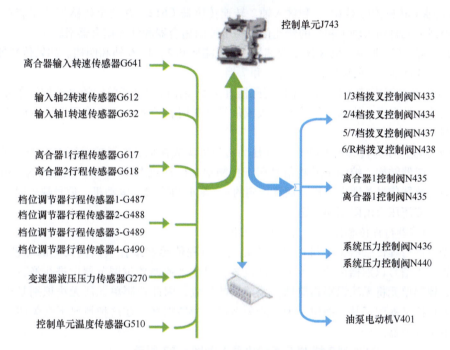

图 6-25 OAM 型 7 档 DSG 电子控制单元组成

1) **传感器**。电子控制单元中集成了 11 个传感器，只有离合器输入转速传感器 G641 位于该控制单元外（图 6-26）。

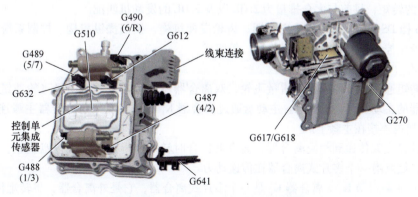

图 6-26 OAM 型 7 档 DSG 的传感器

① 离合器行程传感器 G617/G618。离合器行程传感器位于机械电子单元内的离合器调节器上方，控制双离合器需要可靠精确地获知离合器的当前操纵状态。

控制单元根据该传感器的信号来控制离合器的触动装置。如果离合器行程传感器 G617 失灵，则关闭子变速器 1。无法换到 1、3、5 和 7 档；如果离合器行程传感器 G618 失灵，则无法换到 2、4、6 档和倒档。

② 离合器输入转速传感器 G641。G641 安装在变速器壳体内，是唯一在滑阀箱单元外的传感器。此传感器以电子方式探测起动机齿圈，从而获取变速器输入转速。

控制单元需要获取变速器输入转速信号来进行离合器控制和离合器滑转率计算。为此，需要将离合器前的离合器输入转速传感器 G641 的信号与输入轴转速传感器 G612 和 G632 的信号进行对比。信号缺失时，控制单元将发动机转速信号作为替代信号。

③ 输入轴 1 转速传感器 G632 和输入轴 2 转速传感器 G612。这两个传感器均安装在机械电子单元内。控制单元将输入轴 1 和 2 的转速信号用于控制离合器和计算离合器滑转率。

如果传感器 G632 失灵，则关闭子变速器 1，只能换到 2、4、6 档和倒档。如果传感器 G612 失灵，则关闭子变速器 2，只能换到 1、3、5 和 7 档。

④ 控制单元温度传感器 G510。温度传感器直接安装在机械电子单元的电子控制单元内，用以检查滑阀箱单元的温度。当温度传感器失效或信号缺失时，控制单元将采用出厂所设定的默认值来进行控制。

⑤ 变速器液压压力传感器 G270。液压压力传感器集成在机械电子单元的 ATF 循环回路内，采用膜片压力传感器结构。控制单元将信号用于控制油泵电动机 V401，ATF 压力约为 6MPa 时，系统根据压力传感器信号关闭电动机，油压达到约 4MPa 时再次接通电动机。信号缺失时，油泵电动机一直运转，液压压力由限压阀决定。

⑥ 档位调节器行程传感器 1~4（G487~G490）。

档位调节器行程传感器位于机械电子单元内，行程传感器接合换档拨叉上的磁铁产生信号，控制单元根据该信号识别档位调节器的准确位置，以此来控制档位调节器以进行换档。行程传感器失灵时，控制单元将无法识别相应档位调节器的位置，因此控制单元便无法识别是否通过档位调节器和换档拨叉换到了某一档位。为了避免造成变速器损坏，在这种情况下会关闭失灵行程传感器对应的子变速器。

2）系统电路图。OAM 型 7 档 DSG 系统电路图如图 6-27 所示。

二、6 档 DSG

02E 型 6 档 DSG 采用两组多片湿式离合器，具有 6 个前进档和 1 个倒档，该变速器最大能够传递 350N·m 的转矩，目前与大众排量为 2.0L 以及 3.0L 的发动机匹配。

02E 型 6 档 DSG 主要由多片式离合器、齿轮变速机构、换档操纵机构、控制系统（电动液压控制单元、液压控制系统和电子控制单元）等组成。

1. 离合器

发动机转矩通过曲轴传递给双质量飞轮，双离合器输入轴毂上的双质量飞轮花键将转矩传到多片式离合器的主动盘（图 6-28）。主动盘通过离合器 K_1 的外盘支架与离合器主毂连接，离合器 K_2 的外盘支架也连接在主毂上。

转矩经外盘支架传递到相应离合器，离合器接合时转矩被继续传递到内盘支架，最后传递到相应输入轴，始终有一个多片式离合器在传递动力。

(1) 多片式离合器 K_1 离合器 K_1 是一个多片式离合器，它是外离合器，将转矩传递到 1、3、5 档和倒档的输入轴 1 上。将机油压入离合器 K_1 的机油压力腔，该离合器即啮合。于是活塞 1 沿

项目六　定轴式自动变速器系统检修

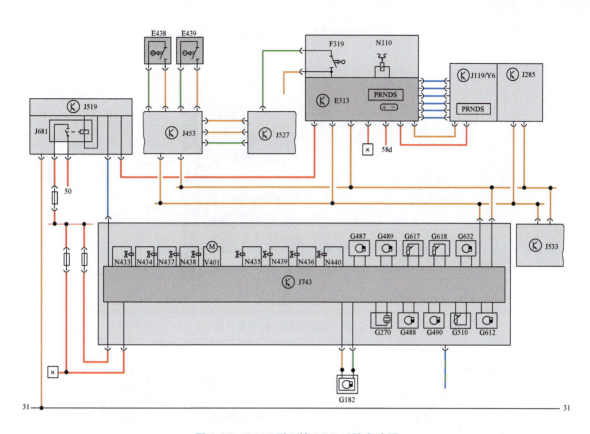

图 6-27　OAM 型 7 档 DSG 系统电路图

E438—转向盘上的 Tiptronic 换高档开关　　E439—转向盘上的 Tiptronic 换低档开关　　F319—变速杆 P 位锁止开关
G182—变速器输入转速传感器　　G270—变速器液压压力传感器　　G487—档位调节器行程传感器 1
G488—档位调节器行程传感器 2　　G489—档位调节器行程传感器 3　　G490—档位调节器行程传感器 4
G510—控制单元温度传感器　　G612—输入轴 2 转速传感器　　G617—离合器 1 行程传感器
G618—离合器 2 行程传感器　　G632—输入轴 1 转速传感器　　J119—多功能显示屏
J285—组合仪表控制单元　　J453—多功能转向盘控制单元　　J519—车载电位控制单元
J527—转向柱电子装置控制单元　　J533—数据总线诊断接口　　J681—总线端 15 供电继电器 2
J743—双离合器变速器机械电子单元　　N110—变速杆锁电磁铁　　N433—子变速器 1 内的阀门 1
N434—子变速器 1 内的阀门 2　　N435—子变速器 1 内的阀门 3　　N436—子变速器 1 内的阀门 4
N437—子变速器 2 内的阀门 1　　N438—子变速器 2 内的阀门 2　　N439—子变速器 2 内的阀门 3
N440—子变速器 2 内的阀门 4　　V401—油泵电动机　　Y6—变速杆位置显示器　　E313—变速杆

轴向移动，将 K_1 的离合器片组压靠在一起。转矩经内盘支架的片组传递到输入轴 1。离合器分离时，碟形弹簧将活塞 1 压回初始位置（图 6-29）。

（2）多片式离合器 K_2　离合器 K_2 也是多片式离合器，属内离合器，将转矩传递到 2、4、6 档的输入轴上。将机油压入离合器 K_2 的机油压力腔内，即可使离合器 K_2 啮合。然后活塞 2 通过离合器片组将动力传递到输入轴 2。离合器分离时，螺旋弹簧将活塞 2 压回初始位置（图 6-30）。

2. 齿轮变速机构

02E 型 6 档 DSG 齿轮变速机构主要由 2 个输入轴、2 个输出轴、1 个倒档齿轮轴以及 4 个换档同步器组成。发动机转矩经多片式离合器 K_1 和 K_2 传递到输入轴 1 和输入轴 2 上。

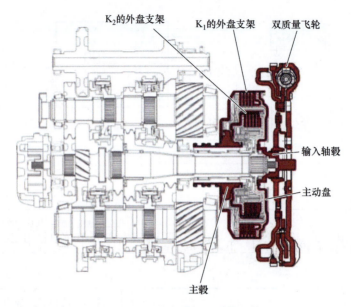

图 6-28 双离合器与双质量飞轮

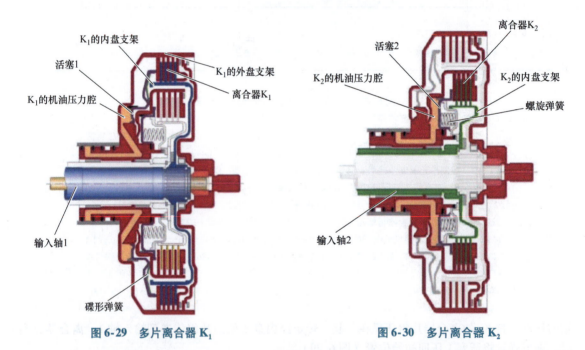

图 6-29 多片离合器 K_1 图 6-30 多片离合器 K_2

（1）输入轴 1 输入轴 1（图 6-31）在空心输入轴 2 内旋转，通过花键与多片式离合器 K_1 相联。输入轴 1 上装有 5 档齿轮、1 档和倒档共用齿轮以及 3 档齿轮。在 1 档/倒档齿轮和 3 档齿轮之间装有一靶轮，该靶轮用于输入轴 1 的转速传感器 G501。

（2）输入轴 2 输入轴 2（图 6-32）为空心轴，通过花键与多片式离合器 K_2 联接在一起。输入轴 2 上装有 6、4、2 档斜齿轮，6 档和 4 档共用同一个齿轮。该轴的 2 档齿轮旁装有一靶轮，该靶轮用于输入轴 2 的转速传感器 G502。由于 1 档/倒档共用一个齿轮，4 档/6 档也共用一个齿轮，故缩短了变速器的长度。

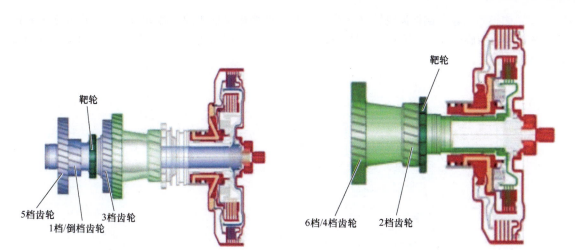

图6-31 输入轴1　　　　　　图6-32 输入轴2

（3）输出轴1　输出轴1（图6-33）上共有1、2、3、4档4个齿轮、2个换档同步器以及输出轴齿轮。其中1档和3档共用一个同步器，2档和4档共用一个同步器。输出轴齿轮与差速器中的主减速齿轮啮合。

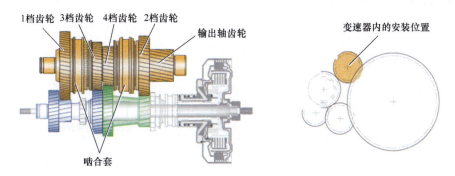

图6-33 输出轴1

（4）输出轴2　输出轴2（图6-34）上有测量变速器输出转速的靶轮，5、6档和倒档的滑动齿轮以及输出轴齿轮（与差速器接合）。

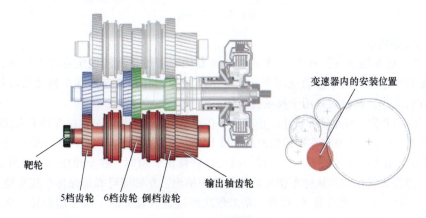

图6-34 输出轴2

(5) 倒档齿轮轴 倒档齿轮轴（图6-35）用于改变输出轴2的旋转方向，随之也改变了差速器主减速齿轮的旋转方向。倒档齿轮轴与输出轴1的1档/倒档共用齿轮、输出轴2的倒档滑动齿轮相接合。

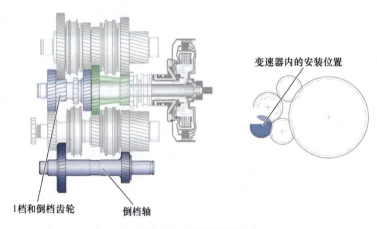

图 6-35　倒档齿轮轴

(6) 差速器 两输出轴将转矩传递到差速器的输入轴。差速器将转矩经传动轴传递到车轮。差速器内集成有驻车锁齿轮（图6-36）。

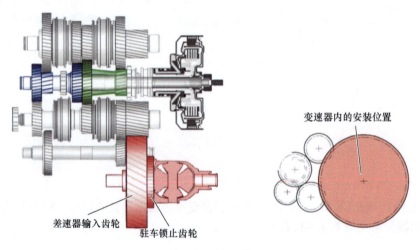

图 6-36　差速器

(7) 动力传递路线

1）驻车档。驻车档锁（图6-37）集成在差速器内，用于将汽车稳定在驻车位置，防止因一时疏忽未施加驻车制动而汽车移动或溜车。止动爪通过变速杆和变速器驻车制动器杠杆之间的拉索以纯机械方式工作。该拉索只用于操纵驻车锁。

将变速杆推至P位，驻车锁即锁止，止动爪卡在驻车锁齿轮的齿间。定位弹簧卡入杠杆，将止动爪固定在该位置。止动爪卡在驻车锁齿轮的某个齿上时，弹簧1张紧。一旦汽车开始移动，弹簧1松开，将止动爪压入驻车锁齿轮的下一个齿隙。将变速杆移出P位时，驻车锁松开，将滑板向右推回到初始位置，弹簧2将止动爪从驻车锁齿轮的齿隙中推出。车辆即可靠地保持在驻车位置。

2）1档（图6-38）。离合器K_1接合，动力依次经过输入轴1的1档主动齿轮、输出轴1的1档从动齿轮、1/3档同步器、输出轴1、差速器。

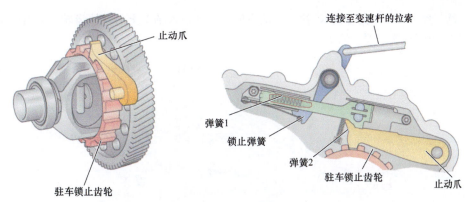

图 6-37　驻车档锁

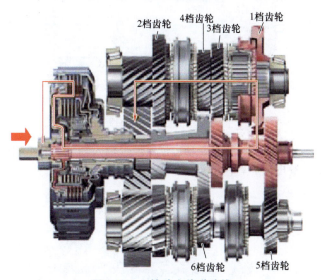

图 6-38　1 档动力传递路线

3）2 档（图 6-39）。离合器 K_2 接合，动力依次经过输入轴 2 上的 2 档齿轮、输出轴 1 上的 2 档齿轮、2/4 档同步器、输出轴 1、差速器。

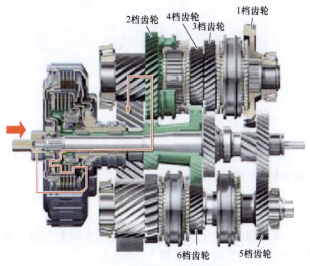

图 6-39　2 档动力传递路线

4）3 档（图 6-40）。离合器 K_1 接合，动力依次经过输入轴 1 上的 3 档齿轮、输出轴 1 上的 3 档齿轮、1/3 档同步器、输出轴 3、差速器。

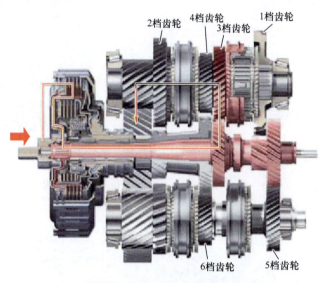

图 6-40　3 档动力传递路线

5）4 档（图 6-41）。离合器 K_2 接合，动力依次经过输入轴 2 上的 4 档齿轮、输出轴 1 上的 4 档齿轮、2/4 档同步器、输出轴 1、差速器。

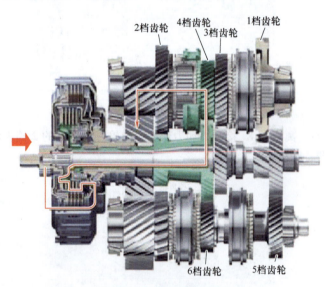

图 6-41　4 档动力传递路线

6）5 档（图 6-42）。离合器 K_1 接合，动力依次经过输入轴 1 上的 5 档齿轮、输出轴 2 上的 5 档齿轮、5 档同步器、输出轴 2、差速器。

7）6 档（图 6-43）。离合器 K_2 接合，动力依次经过输入轴 2 上的 6 档齿轮、输出轴 2 上的 6 档齿轮、6/R 位同步器、输出轴 2、差速器。

8）R 位（图 6-44）。离合器 K_1 接合，动力依次经过输入轴 1 上的 1/R 位齿轮、倒档齿轮轴、输出轴 2 上的 R 位齿轮、6/R 位同步器、输出轴 2、差速器。

项目六 定轴式自动变速器系统检修

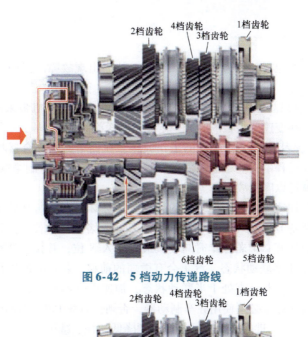

图 6-42 5 档动力传递路线

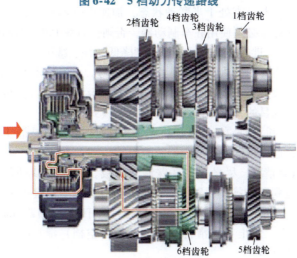

图 6-43 6 档动力传递路线

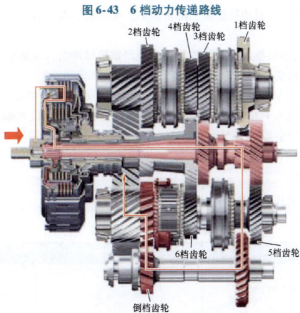

图 6-44 R 位动力传递路线

三、正确使用 DSG

车辆在城市长时间低速行驶，会引起散热不畅，从而出现故障。正确的驾驶习惯能降低 DSG 故障率，应注意以下几点。

1) 出现故障不可忽视。DSG 离不开温度控制器，比起变速器停机带来的麻烦，因温度过高烧毁离合器的损失更大，在变速器报警的时候一定要及时送修。

2) 养成良好的驾驶习惯。根据 DSG 的工作原理，在拥堵路段离合器将长时间处于半离合状态，容易过热。在驾驶过程中，应尽量减少离合器的半联动状态，控制半联动状态时的动力输出，控制离合器的温度，就可以降低故障率。

在城市拥堵路段急加速等突然施加动力的驾驶方法势必会增大离合器负荷，导致离合器快速升温，增加故障率。装备 DSG 的车辆在等待通过信号灯或堵车时，若时间很短，应将变速杆保持在 D 位，同时踩下制动踏板；但若停车时间较长最好换入 N 位，并拉紧驻车制动器手柄，因为变速杆在 D 位时，DSG 处于半联动状态，汽车会有微弱的前移。若长时间踩住制动踏板，等于强行制止这种前移，这使得离合器一直处于半联动状态，加速离合器磨损，变速器油温度升高，可能导致变速器故障。长时间停车必须使用驻车制动器，否则会破坏 DSG 的锁止机构。

3) 选择正确的模式。先进的技术只是保证车辆降低油耗、减少排放的基本条件，而是否能达到最佳的环保节能效果则需要驾驶人具备一定的驾驶技巧。由于技术的原因，双离合器变速器比手动变速器还要省油，一般 DSG 具有 D（正常模式）、S（运动模式）和 M（手动模式）三种工作状态，为了达到节能减排的目的，应尽量选择使用 D 位模式来驾驶。

4) 冬季磨合期，发动机不要原地怠速预热太久，慢速行驶预热是最佳方案，DSG 的 ATF 也随着电动机的运转热起来，这样可以减少离合器的磨损。

5) 如果不是遇到紧急情况，尽量不要猛踩制动踏板。装有 DSG 的新车磨合期 D 位起步时，正常踩加速踏板，从 P 位到 D 位换档要踩制动踏板；从 D 位到手动模式时，不需要踩制动踏板。

6) 上长坡或陡坡可用手动模式锁定档位，减少跳档，也可以减少频繁制动减速对变速器的冲击。

7) 在正常行车状态下，禁止 N 位滑行，因为 N 位（空档）滑行时，等于撤销了发动机的制动能力，将增加制动系统负担。

8) 坡道起步时，用驻车制动器辅助，防止溜车，也可减少离合器的负担，延长离合器使用寿命，减少滑磨产生的热。

9) DSG 在行驶中切不可推入 P 位，这样会产生严重机械冲击，可能会立刻导致变速器输出轴上的齿轮损坏，甚至导致变速器齿轮机构报废。

10) 行驶结束需要泊车时，平路情况必须等车辆完全停稳。松开制动踏板等 10s 左右后，先拉紧驻车制动器手柄，再挂入 P 位，拔出钥匙。若停车后直接推到 P 位再熄火拉驻车制动器手柄，如果路面不平，车体前后会做微小挪动，会对锁止钢爪、变速器驻车齿轮造成冲击。

工具准备：需要的工具、设备明细详见表 6-1。

表 6-1 工具、设备明细

件 号	名 称	型号及规格	数 量
1	OAM 型 7 档 DSG		4 个

项目六　定轴式自动变速器系统检修

（续）

件　号	名　称	型号及规格	数　量
2	ATF		4桶
3	支撑盘-VW 309		4个
4	变速器支撑板-VW 353		4个
5	卡钩-3438		4个
6	支撑工装-T10323		4个
7	压具-T10376		4个
8	起拔器-T10373		4个
9	钢直尺-T40100		4把

（续）

件 号	名 称	型号及规格	数 量
10	限位量规-T10374		4个
11	深度卡尺		4把
12	千分表		4块

任务　更换 OAM 变速器的离合器

1. 拆卸双离合器

1）用适当的塞子密封已拆下变速器的两个排气孔，防止漏油，如图 6-45 所示。

2）将变速器固定在发动机和变速器支架上，调整发动机和变速器支架，使双离合器方向朝上，如图 6-46 所示。

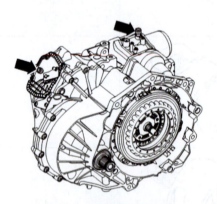

图 6-45　密封两个排气孔

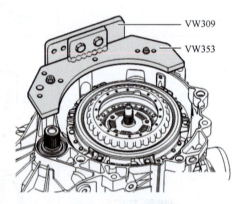

图 6-46　固定变速器

3）拆下齿毂的卡环，如图 6-47 所示。

4）用卡钩 3438 和螺钉旋具将齿毂取出。

5）拆下离合器的卡环。

6）将起拔器 T10373 的螺杆沿逆时针方向拧到最后位置，并将起拔器 T10373 放到双离合器中顺时针旋转，使其安装到双离合器上，如图 6-48 所示。

7）顺时针旋转起拔器 T10373 的螺杆，拔出双离合器，如图 6-49 所示。

项目六　定轴式自动变速器系统检修

图 6-47　拆下卡环

图 6-48　安装起拔器

图 6-49　取出离合器

8）将离合器连同起拔器 T10373 一同取出。
9）拆下大操纵杆，如图 6-50 所示。
10）拆下小操纵杆及其导向套，如图 6-51 所示。
11）拆下两个操纵杆的塑料固定器，如图 6-52 所示。

图 6-50　拆下大操纵杆

图 6-51　拆下导向套

图 6-52　拆下固定器

2. 调整 K_1 和 K_2 接合轴承的位置

在进行下列工作时，接合轴承位置必须进行调整：更换双离合器、双离合器变速器的机械电子控制单元、操纵杆、操纵杆轴承、操纵杆的固定架。具体步骤如下：

1）插入操纵杆的塑料固定架。
2）安装小操纵杆及其导向套，导向套支架和限位架。
3）确认操纵杆的正确位置。
4）用 2 个新螺栓紧固导向套支架（拧紧力矩为 8N·m，拧紧后再拧 90°）。
5）安装大操纵杆。
6）安装外部传动轴的卡环，如图 6-53 所示。
7）将钢直尺 T40100 竖放在离合器壳体法兰上，钢直尺应横跨轴端，如图 6-54 所示。

注意：在接下来的测量过程中，钢直尺应保持在该位置，不得将其平放，也不得将其取出。

图 6-53　安装卡环

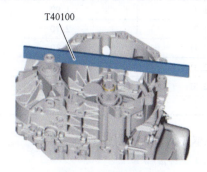

图 6-54　放钢直尺

8）用深度卡尺测量轴端到卡环的距离，记录该结果并设为 B，在其对面位置上再次测量尺寸 B，根据两个测量结果计算平均值，如图 6-55 所示。

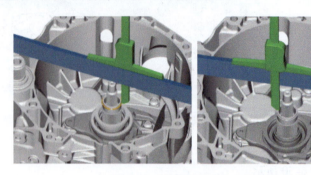

图 6-55　测量轴端到卡环的距离

9）再次拆下卡环，不得再次装上该卡环。

10）确定 K_1 的调整垫片。

① 将限位量规 T10374 置于大接合轴承上。按压限位量规 T10374，同时将其转动。

② 用深度卡尺测量轴端与限位量规 T10374 的间距。

③ 在其对面位置上再次测量上述尺寸。

④ 对两次测量得出的数值计算平均值，记录该数值，并设为 A_1；

⑤ 计算：离合器 1 接合轴承深度 $= A_1 - B +$ 限位量规 T10374 的高度。限位量规 T10374 的高度始终相同，为 51.81mm。

⑥ 计算：离合器 K_1 的实际通风行程 = 实际深度值 – 额定尺寸（50.08mm）。

⑦ 从"新"离合器上读取离合器公差值。

⑧ 计算：离合器 K_1 的实际通风行程与离合器公差值之和。

⑨ 根据计算的值，查表确定调整垫片的厚度，详见表 6-2。

表 6-2　调整垫片的厚度

确定的垫片厚度/mm		待安装的垫片厚度/mm
从	至	
0.31	0.90	0.8
0.91	1.10	1.0
1.11	1.30	1.2
1.31	1.50	1.4
1.51	1.70	1.6
1.71	1.90	1.8
1.91	2.10	2.0
2.11	2.30	2.2
2.31	2.50	2.4
2.51	2.70	2.6
2.71	3.30	2.8

⑩ 选取并测量新的调整垫片。

11）调整离合器 K_2。

① 只安装 K_2 接合轴承，通过转动，检查其安装是否正确，以及凹槽位置是否正确，如

图 6-56 所示。注意：切勿安装调整垫片。

② 将限位量规 T10374 的大开口向上安装到 K_2 接合轴承上（图 6-57）。

图 6-56　安装接合轴承

图 6-57　安装限位量规 T10374

③ 用深度卡尺测量轴端与限位量规 T10374 的距离，在对面的位置上再次测量，计算平均值并将其设为 A_2。

④ 计算：离合器 2 接合轴承的深度 = $A_2 - B$ + 限位量规 T10374 的高度。限位量规 T10374 的高度始终相同，为 36.20mm。

⑤ 计算：离合器的通风行程 = 实际深度值 - 额定尺寸（34.35mm）。

⑥ 从"新"离合器上读取离合器公差值。

⑦ 计算：离合器 K_1 的实际通风行程与离合器公差值之和。

⑧ 根据计算的值，查表确定调整垫片厚度，详见表 6-2。

⑨ 选取并测量新的调整垫片。

3. 安装双离合器

1）安装小接合轴承的调整垫片及小接合轴承。

2）安装大接合轴承的调整垫片。安装前，用 3 滴黏合剂固定调整垫片，以防止其滑移。黏合剂标号：AMV 195 KD1 01。

3）将起拔器 T10373 的丝杠逆时针旋转到最后位置。

4）将起拔器 T10373 插入到双离合器中，使其顺时针转动，直到起拔器将双离合器抓紧。

5）将离合器插入到变速器轴上。

6）将支撑工装 T10323 和安装工具 T10368 安装在变速器上。

7）将压具 T10376 放置在离合器上，通过旋转支撑工装 T10323 上的螺杆，将离合器压至安装位置。

8）安装离合器固定卡环。如果可以安装卡环，则说明离合器已压至限位；如果无法安装卡环，则需再次压入离合器，使其至限位。

9）握住起拔器 T10373 的螺栓，并用手旋转离合器，使其处于运行位置，如图 6-58 所示。

10）插入齿毂。由于齿毂有一个大轮齿，因此只能在一个位置安装。

11）插入齿毂的卡环。

12）左右旋转离合器，在离合器旋转时观察小操纵杆。

13）安装变速器后，取下排气孔上的密封塞，安装排气罩和排气软管。

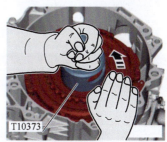

图 6-58　旋转离合器

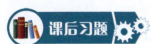

1. DSG 中，双离合器的作用是？（　　）
   A. 切断发动机的转矩　　　　　　　　B. 实现变速器的档位变换
   C. 将发动机转矩传递给不同的传输组件　D. 减小发动机转矩引起的振动
2. DSG 的优点有哪些？（　　）（多选）
   A. 传输效率高，转矩损失小　　　　　B. 换档平顺，驾驶舒适性高
   C. 经济性好，燃油消耗低　　　　　　D. 动力性好，有很好的驾驶乐趣
3. 迈腾装备的 02E 变速器中有多少个温度传感器？（　　）
   A. 4 个　　　　　B. 3 个　　　　　C. 2 个　　　　　D. 1 个
4. 迈腾装备的 02E 变速器中有多少个速度传感器？（　　）
   A. 1 个　　　　　B. 3 个　　　　　C. 5 个　　　　　D. 6 个
5. DSG 对双离合器的控制非常复杂，下列哪些功能与双离合器控制有关？（　　）（多选）
   A. 过载保护　　　B. 安全切断　　　C. 微量打滑控制　D. 离合器冷却控制
6. 影响双离合器控制的参量有哪些？（　　）
   A. 发动机转速　　B. 车辆行驶速度　C. 制动压力　　　D. 发动机转矩
7. 在 DSG 中，哪个位置的变速器油温度最高？（　　）（多选）
   A. 控制单元　　　B. 油泵　　　　　C. 双离合器　　　D. 热交换器
8. DSG 中，输入轴 1 上的齿轮有（　　）。
   A. 1 档和倒档齿轮　B. 4 档和 6 档齿轮　C. 2 档齿轮　　　D. 5 档齿轮

项目七　无级自动变速器

项目描述

无级变速技术采用传动带和工作直径可变的主、从动轮相配合来传递动力，可以实现传动比的连续改变，从而得到传动系统与发动机工况的最佳匹配。常见的无级自动变速器（CVT）有液力机械式无级自动变速器和金属带式无级自动变速器，目前国内市场上采用CVT的车型已经越来越多。本项目在知识准备部分介绍了无级自动变速器的优点、工作原理、组成等。通过项目实施部分的学习，学生能够掌握无级自动变速器的检修方法。

学习目标

知识目标	1）能说明无级自动变速器的优点
	2）能描述无级自动变速器的结构及工作原理
	3）能说明无级自动变速器的控制逻辑
技能目标	能对典型无级自动变速器进行拆装

知识准备

一、无级自动变速器概述

1. 无级自动变速器的优点

无级自动变速器相对于传统的手动和自动变速器的优势有：
1）结构简单，体积小，大批量生产后的成本低于当前液压自动变速器的成本。
2）工作速比范围宽，容易与发动机形成理想的匹配，从而改善燃烧过程，降低油耗和排放。
3）具有较高的传动效率，功率损失少，经济性高。

2. 无级自动变速器的工作原理

无级自动变速器是由传动链轮实现无级变速的（图7-1）。它允许传动比在最小和最大传动比之间无级调节，能提供一个合适的传动比，使发动机总是工作在最佳转速范围内，进而使汽车动力性或燃油经济性最优化。无级自动变速器由两个带锥面盘体的主链轮装置（链轮装置1）和副链轮装置（链轮装置2）以及工作于两个锥形链轮组之间的V形槽内的专用传动链组成。链轮装置1是由发动机驱动，发动机转矩通过传动链传递到链轮装置2，并由此传给主减速器。每个链轮装置中的一个链轮可轴向移动，以调整传动链的跨度尺寸和改变传动比。两组链轮装置必须同时进行调整，以保证传动链始终处于张紧状态和有足够的盘接触传动压力。

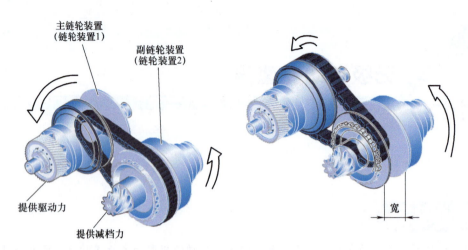

图 7-1 无级变速原理

二、无级自动变速器组成

以 01J 无级自动变速器为例（图 7-2），无级自动变速器主要由行星齿轮系统、前进档离合器和倒档制动器、辅助减速齿轮组、链传动装置、电子控制单元和主传动装置等组成。

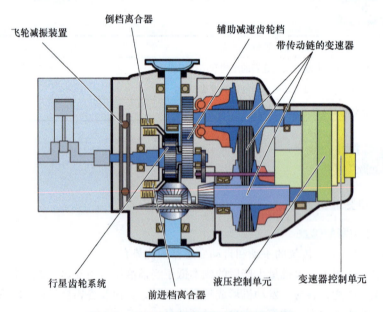

图 7-2　01J 无级自动变速器结构示意图

1. 行星齿轮系统及离合器的控制

01J 无级自动变速器采用两组多片湿式离合器，以实现对前进档和倒档的控制（图 7-3）。电子-液压单元控制的钢片离合器与液力变矩器相比有如下优点：质量轻、安装空间小、使起动特性适应驾驶状态、使爬坡转矩适应驾驶状态、在过载或非正常使用的情况下具有保护功能。

(1) 行星齿轮系统结构　行星齿轮系统有一组双排行星齿轮机构，如图 7-4 所示，其功能是倒档时改变自动变速器输出轴的旋转方向。倒档时，行星齿轮系统的传动比为 1:1。

太阳轮与自动变速器输入轴和前进档离合器钢片相连接，行星架（输出）与辅助变速齿轮组的主动齿轮和倒档离合器钢片相连接，齿圈与行星齿轮和倒档离合器钢片相连接（图 7-5）。

项目七　无级自动变速器

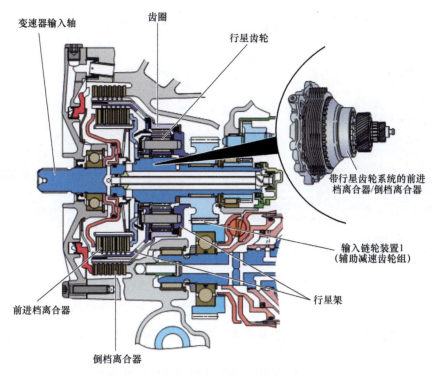

图 7-3　前进档离合器和倒档离合器

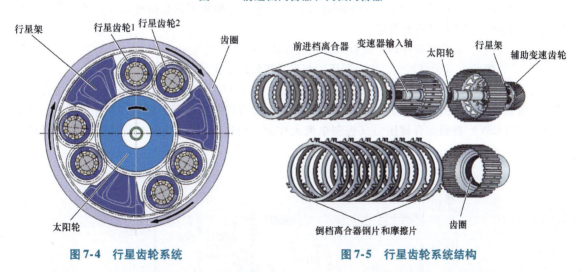

图 7-4　行星齿轮系统　　　　图 7-5　行星齿轮系统结构

前进档时，前进档离合器钢片与太阳轮连接，摩擦片与行星架相连接。当前进档离合器动作（啮合）时，自动变速器输入轴与行星架（输出）连接，行星齿轮系统被锁死，并与发动机转向相同，转矩传动率为1:1（图7-6a）。

倒档时，倒档离合器摩擦片与齿圈相连接，钢片与自动变速器壳体相连接。当倒档离合器动作（啮合）时，齿圈被固定，起动时，齿圈与壳体固定在一起不能转动。转矩被传递到行星架，行星架开始以与发动机相反的方向运转，车辆向后行驶（图7-6b）。

(2) 离合器的控制

1) 离合器的电子控制部分。自动变速器控制单元通过发动机转速、自动变速器输入转速、加速踏板位置、发动机转矩、制动力、自动变速器油温度等参数计算出离合器额定压力，并确定压

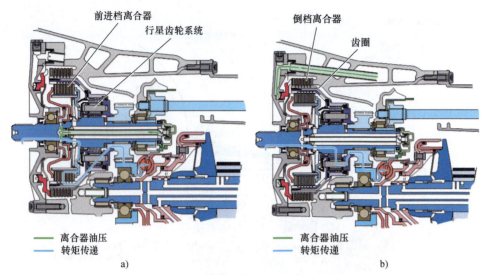

图 7-6 行星齿轮系统动力传递路线
a) 前进档　b) 倒档

力调节阀 N215 的控制电流,因此,离合器压力、离合器传递的发动机转矩也随控制电流的变化而变化。

液压传感器 G193 检测液压控制部分中的离合器压力(实际离合器压力),实际离合器压力与自动变速器控制单元计算的额定压力不断进行比较,并通过模糊理论被持续监控。若两者的差值超过一定范围,便会对其进行修正。

为防止过热,离合器被冷却,离合器温度由自动变速器控制单元监控。

2) 离合器的液压控制部分。离合器压力与发动机转矩成正比,与系统压力无关。

压力调整阀 N215 和输导压力阀(VSTV)提供一个约为 0.5MPa 的常压。根据自动变速器控制单元计算的控制电流值,N215 产生一个控制压力,该压力控制离合器控制阀(KSV)位置。离合器控制阀(KSV)控制离合器压力(控制电流大控制压力高),同时也调整待传递的发动机转矩(图 7-7)。

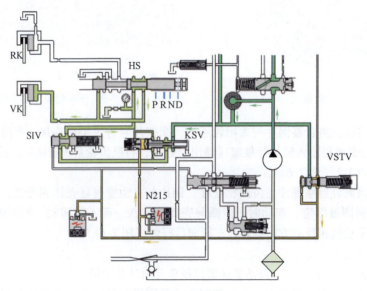

图 7-7 离合器的控制

离合器控制阀（KSV）的压力由系统压力提供，KSV 根据 N215 的触发信号产生离合器控制压力。高控制压力产生高离合器压力。

离合器压力通过安全阀（SIV）传到手动换档阀（HS），手动换档阀将转矩传到前进档离合器（位置 D）或传递到倒档离合器（位置 R）。

变速杆位置位于 N 位和 P 位时，手动换档阀切断供油，两组离合器都与油底壳相通。

3）安全切断。若实际离合器压力明显高于离合器额定压力，则会进入安全紧急故障状态。此情况下，不论手动换档阀处于何位置以及它系统状态如何，离合器压力都要卸掉。安全切断由安全控制阀（SIV）来实现，可确保离合器快速分离。SIV 由电磁阀 N88 激活。当控制压力上升到 0.4MPa 时，到离合器控制阀（KSV）的供油被切断，油底壳与手动换档阀连接通道打开（图 7-8）。

4）过载保护。利用模型计算，自动变速器控制单元计算出离合器打滑温度、待传递的发动机转矩以及自动变速器油温度。若测得的离合器温度因离合器过载而超出标定界限，发动机转矩将减小。当发动机转矩被减小到发动机怠速转速上限时，短时间内，发动机对加速踏板信号可能无反应，离合器冷却系统确保短时间内降温，此后又迅速重新提供发动机最大转矩。

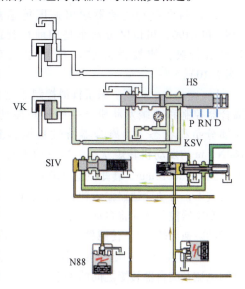

图 7-8　离合器安全切断

5）车辆静止时的离合器控制（不施加制动力的爬坡控制）。爬坡控制允许不踩加速踏板（驻车时）也可调节离合器转矩，因此增强了驾驶舒适性。选择前进档，发动机怠速运转时，爬坡控制功能将离合器设定到一个额定的打滑转矩（离合器转矩）。

此时，汽车的运行状态与带有液力变矩器的自动变速器汽车相同。选择的离合器压力与输入转矩互相协调，使汽车处于"爬坡"功能。根据车辆行驶状态和车速，输入转矩在额定范围内变化。链轮锥面提供的接触压力由 G194 控制，用于精确控制离合器转矩（图 7-9）。

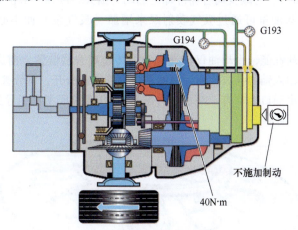

图 7-9　车辆静止时的离合器控制

6）施加制动力的爬坡控制。当车辆静止且制动器作用时，减小爬坡转矩；于是，发动机不必产生如此大的转矩（离合器片间隙也增加）。由于降低了汽车的运转噪声（车辆静止时，发动机怠速运转产生的"嗡嗡"声),并且只需稍加制动即可停住汽车,因而改善了燃油经济性和舒适性。若汽车停于坡道上,制动压力不足,车辆回溜时,离合器压力将增大,使汽车停住("坡道停驻"功能)。

通过两个自动变速器输出速度传感器 G195 和 G196,可以区分汽车是向前行驶还是向后行驶,使坡道停驻功能可以实现(图 7-10)。

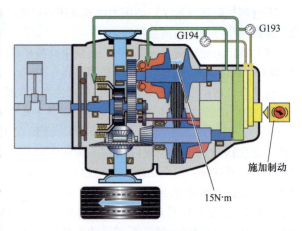

图 7-10 爬坡控制

7) **微量打滑控制**。微量打滑控制适应于离合器控制和减缓发动机产生的转矩振动。在部分负荷状态下,离合器特性被调整到 160N·m 的发动机转矩状态。当发动机转速上升到约 1800r/min,转矩约达 220N·m 时,离合器在所谓的"微量打滑"模式下工作。在此工作模式下,自动变速器输入轴和链轮装置 1 之间的打滑率(速度差别)保持在 5~20r/min。为此,自动变速器控制单元将自动变速器输入转速传感器 G182 提供的信号与发动机转速信号相比较(考虑辅助减速齿轮组)。传感器 G182 监测链轮装置 1 的转速。

8) **离合器控制匹配**。为了能在任何工作状态下使离合器的控制舒适性能不变,必须不断优化控制电流及离合器转矩之间的关系。

离合器的摩擦因数会随着自动变速器油品质(质量、老化、损耗)、自动变速器油温度、离合器温度、离合器打滑等因素变化。为补偿这些影响并优化离合器控制,在爬坡控制模式和部分负荷状态下,控制电流和离合器转矩要相匹配。

爬坡模式下的匹配(施加制动):在爬坡模式中有一额定的离合器转矩,自动变速器控制单元检测控制电流(来自 N215)和来自压力传感器 G194 的数据(接触压力)间的关系,并将这些数据存储起来。实际数据用于计算新的特性参数。

(3) 离合器冷却系统 为了保护离合器不暴露在高温之下,离合器由单独的油液来冷却(特别是在苛刻条件下行驶时)。为减少离合器冷却时的动力损失,冷却油液由集成在阀体上的冷却油控制单元进行控制。冷却油量可通过吸气喷射泵来增加(吸气泵)而不必对油泵容量有过高的要求。

为优化离合器的冷却性能,冷却油仅传递到动力传递离合器装置。前进档离合器的冷却油和液压油通过自动变速器输入轴的孔道流通。两油路由钢管彼此分开,钢管被称为"内部件"。

自动变速器输入轴出油口上安有"润滑油分配器",用于将润滑油引导到前进档离合器或倒档离合器(图 7-11)。

图 7-11 带膜片弹簧的润滑油分配器和带开口的止推环

若前进档离合器接合，离合器缸筒（压盘）便将润滑油分配器压回。在此位置时，冷却油流经润滑油分配器前端面，流过前进档离合器（图7-12a）。

若前进档离合器不工作（发动机怠速运转或倒档离合器工作时），润滑油分配器回到其初始位置。这种情况下，冷却油流到润滑油分配器，然后通过分配盘流回倒档离合器（图7-12b）。分配器带轮油道内的部分润滑油流到行星齿轮系统，提供必要的润滑。

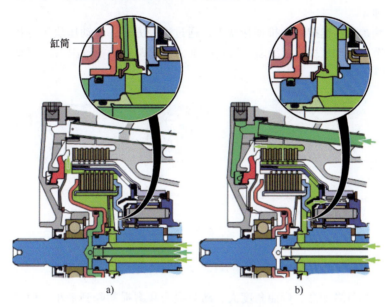

图7-12　离合器的冷却系统
a）前进档离合器接合　b）前进档离合器不工作

在离合器控制单元动作同时，离合器冷却系统接通。自动变速器控制单元向电磁阀N88提供一额定电流，该电流产生一控制压力，控制离合器冷却阀（KKV）将液压油从冷却油回油管输送到吸气喷射泵（吸气泵），并从油底壳吸取用于冷却的自动变速器油（图7-13）。

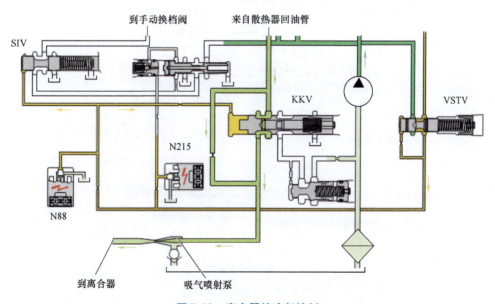

图7-13　离合器的冷却控制

2. 变速机构及控制部分

(1) 变速机构的结构　无级自动变速器变速机构由链轮装置1、链轮装置2及链条组成，每一组链轮装置都有一个锥面轮可以轴向移动。

1) 链条。相邻传动链的链节通过转动压块连成一排（每个销子连接2个链节）。转动压块在自动变速器锥面链轮间"跳动"，即锥面链轮互相挤压。转矩只靠转动压块正面和锥面链轮接触面间的摩擦力来传递。

每个转动压块永久性连接到一排连接轨上，通过这种方式，转动压块不可扭曲，两个转动压块组成一个转动节。转动压块相互滚动，当其在锥面链轮跨度半径范围内"驱动"传动链时，几乎没有摩擦（图7-14）。

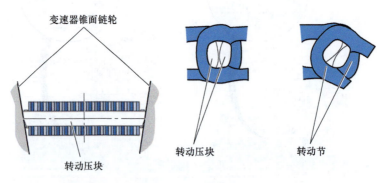

图7-14　链条结构

这种情况下，尽管转矩高、弯曲角度大，动力损失和磨损却降到最小，使其寿命延长并提高了效率。为防止共振并减小运动噪声，链条使用不同长度的链节。

2) 锥形轮。自动变速器工作模式基于双活塞原理，链轮装置1和2个均有一个将锥面链轮压回位的分离缸（压力缸）和用于调整传动比的分离缸（自动变速器分离缸），变速机构的结构如图7-15所示。

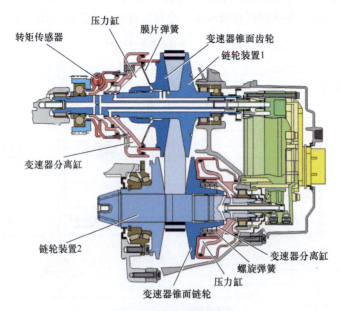

图7-15　变速机构的结构

双活塞原理利用少量液压油就可以很快地进行换档，这可保证在压力相对低时，锥面链轮有足够的接触压力。

由于调整动态特性的要求，供给的液压油必须合适。为减少油量，分离缸的表面要比压力缸小，因此调整所需油量相对较少。尽管油泵供油率低，但仍然可获得很高的调整动力特性和较高的效率。

液压系统卸压时，链轮1的膜片弹簧和链轮2的螺旋弹簧产生一额定的传动链条基础张紧力（接触压力）。在卸压状态下，自动变速器起动转矩传动比由链轮2的螺旋弹簧的弹力调整。

为了传递发动机产生的转矩，锥面链轮和传动链之间需要很高的接触压力，此接触压力通过调节压力缸内的油压产生。根据液压原理，压力（接触压力）因压强和有效面积的不同而不同。压力缸表面积很大，能够在低油压时提供所需的接触压力，相对低的油压对效率也有积极影响。

（2）换档控制

1）电子控制部分。为了在每个驾驶状态下均获得最佳齿轮传动比，自动变速器控制单元根据驾驶人输入信息和车辆工作状态计算出自动变速器额定输入转速。传感器 G182 监测链轮1处的自动变速器实际输入转速。自动变速器控制单元根据实际值与设定值间的比较，计算出压力调节阀 N216 的控制电流。N216 产生液压换档阀的控制压力，该压力与控制电流成正比。

通过检查来自 G182（自动变速器输入转速传感器）、G195（自动变速器输出转速传感器）及发动机转速信号，实现对换档的监控。

2）液力换档控制。输导控制阀（VSTV）向压力调节阀 N216 提供一个约 0.5MPa 的常压。N216 根据自动变速器控制单元计算的控制电流产生控制压力，该压力影响减压阀的位置。控制电流大时，控制压力高。根据控制压力，减压阀将调节压力传递到链轮1或2的分离缸（图7-16）。

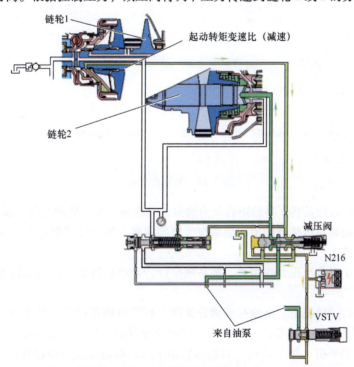

图7-16 自动变速器的换档控制

当控制压力在 0.18～0.22MPa 之间时，阀关闭。当控制压力低于 0.18MPa 时，调整压力传递到链轮1的分离缸，同时链轮2的分离缸与油底壳相通，自动变速器朝"超速"传动比方向换档。

当控制压力大于0.22MPa时，调整压力传递到链轮2的分离缸2，同时链轮1的分离缸与油底壳相通，自动变速器朝"起动转矩"传动比方向换档。

3. 转矩传感器

转矩传感器的作用是根据要求建立起尽可能精确、安全的接触压力，因为压力缸中合适的油压最终产生锥面链轮接触压力，若接触压力过低，传动链会打滑，这将损坏传动链和链轮；相反，若接触压力过高，会降低效率。

液力-机械式转矩传感器集成在链轮1内，它能静态和动态、高精确度地监控传递到压力缸的实际转矩，并建立压力缸的正确油压。

（1）结构和功能 转矩传感器主要部件为2个滑轨架，每个支架有7个滑轨，滑轨中装有滚子，滑轨架1装在链轮装置1的输出齿轮中（辅助变速齿轮档输出齿轮）。滑轨架2通过花键与链轮1连接，可以轴向移动，并由转矩传感器活塞支承。转矩传感器活塞调整接触压力并形成转矩传感器腔1和2（图7-17）。

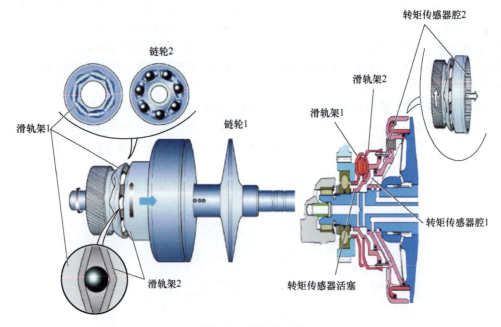

图7-17 转矩传感器

滑轨架彼此间可径向旋转，将转矩转化为轴向力（因滚子和滑轨的几何关系），此轴向力施加于滑轨架2上并移动转矩传感器活塞，活塞与滑轨架接触。转矩传感器活塞控制凸缘关闭或打开转矩传感器腔输出端。

转矩传感器腔1直接与压力缸相通。按系统设计，发动机转矩产生的轴向力与压力缸内的压力达到平衡。

在汽车稳定运行的情况下，出油孔只部分关闭，打开出油孔后转矩传感器压力下降，调节压力缸内的压力（图7-18a）。若输入转矩提高，控制凸缘将进一步关闭出油孔，压力缸内的压力升高，直到建立起新的平衡（图7-18b）。若输入转矩下降，出油孔进一步打开，压力缸内的压力降低，直到恢复平衡。当转矩达到峰值时，控制凸缘完全关闭出油孔，若转矩传感器进一步移动，将会起到油泵的作用，此时被排挤的油液使压力缸内的压力迅速上升，这样就毫无延迟地调整接触压力（图7-18c）。

项目七　无级自动变速器

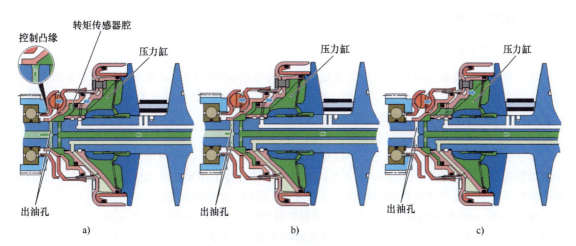

图 7-18　转矩传感器压力调节

(2) 与传动比有关的接触压力调节　锥面链轮产生的接触压力不仅取决于输入转矩,还取决于传动链跨度半径,此二者确定了自动变速器的实际传动比。

与传动比有关的接触压力的调节如图示 7-19 所示,起动档要求具有最大接触压力,链轮 1 的传动链跨度半径最小,为传递动力,尽管输入转矩高,却只有少量的摩擦片衬片啮合。因此,链轮 1 产生了很高的接触压力,直至超过额定传动比（1:1）。

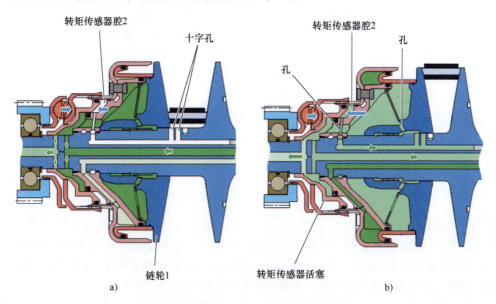

图 7-19　与传动比有关的接触压力的调节

与传动比有关的接触压力在转矩传感器腔 2 内被调整。提高或降低转矩传感器腔 2 内的压力,压力缸内的压力也发生变化。转矩传感器腔 2 内的压力受链轮 1 轴上的两个横向控制孔的影响,该孔通过自动变速器锥面链轮的轴向位移关闭或打开。

当自动变速器位于起动转矩档时,横向孔打开,转矩传感器腔 2 泄压（图 7-19a）。

当自动变速器换到"高转速"档时,横向孔立即关闭,若为一标定的转速比,则左侧横向孔打开,此时通过相关的可变锥面链轮孔,该孔与压力缸相通。此时油压从压力缸传入转矩传感器腔 2,该压力克服转矩传感器的轴向力并将转矩传感器活塞向左移动。控制凸缘进一步打开出油孔，减小压力缸内的油压（图7-19b）。

三、无级自动变速器液压控制系统

液压控制系统需要为自动变速器提供足够量的液压油和润滑油，以实现自动变速器离合器控制、自动变速器控制、动力传递、冷却、润滑等作用，液压控制系统主要有由油泵、液压部分（供油部分、油压调节部分、油路控制部分）组成。

1. 油泵

油泵直接安装在液压控制单元上，以免不必要的连接。油泵和控制单元形成一个整体，减少了压力损失并节约了成本。Multitronic（奥迪开发的一种带有手动模式的无级自动变速器）装有高效率的月牙形泵，尽管该泵所需的润滑油量相对少，但却可产生需要的压力。

Multitronic 上的吸气喷射泵（吸气泵）还要额外供给离合器冷却所需的低压油。月牙形叶片泵作为一个小部件集成在液压控制单元上并直接由输入轴通过直齿轮和泵轮驱动（图7-20）。

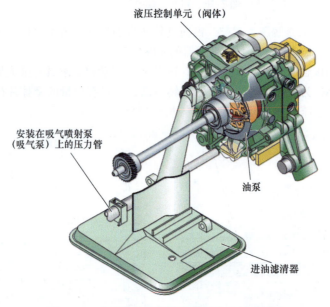

图7-20　液压控制系统中的油泵及吸气喷射泵

2. 吸气喷射泵

为了保证充分冷却两离合器，对润滑油量有一定要求，特别是被牵引时（因打滑产生很高温度），润滑油量超出了内齿轮泵容量。吸气喷射泵集成在离合器冷却系统中，以供应冷却离合器所需的润滑油量。吸气喷射泵（吸气泵）为塑料结构，并凹向油底壳深处。

吸气喷射泵（吸气泵）根据文丘里管原理工作，当离合器需要冷却时，冷却油（液压油）从油泵出来，通过吸气喷射泵（吸气泵）进行导流并形成动力喷射流，润滑油流经泵的真空部分产生一定真空，将油从油底壳吸出，并与动力喷射流一起形成一股大量的油流（图7-21）。在不增加油泵容量的情况下，冷却油的油量几乎加倍。

单向阀阻止吸气喷射泵（吸气泵）空运转，并且有助于对冷却油的供应做出迅速的反应。

3. 电子液压控制系统

自动变速器的油泵、液压控制单元（阀体）和自动变速器控制单元集成为一个小型的不可拆分单元。液压控制单元由手动换档阀、9个液压阀和3个电磁压力控制阀组成。液压控制单元和自

项目七　无级自动变速器

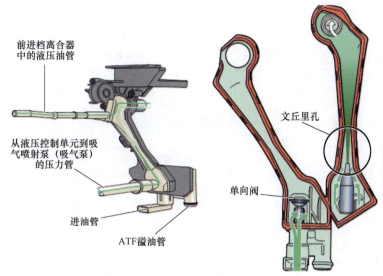

图 7-21　吸气喷射泵结构

动变速器控制单元直接插在一起。

液压控制单元完成下述功能：控制前进档/倒档离合器；调节离合器压力；冷却离合器；为接触压力控制提供压力；传动控制；为飞溅润滑油罩盖供油。

液压控制单元通过"旋入螺钉"的零件直接与链轮装置 1 或链轮装置 2 相连接。

液压控制系统油路如图 7-22 所示，为保护部件，限压阀 DBV1 将最高压力限制在 8.2MPa。通过 VSTV，向压力控制阀提供了一个恒定的 0.5MPa 的输导控制压力。最小压力阀 MDV 可防止起动时油泵吸入发动机进气。当油泵输出功率高时，最小压力阀 MDV 打开，允许润滑油从回油管流到油泵吸入侧，提高了油泵效率。

施压阀 VSPV 控制系统压力，在特定功能下，它始终提供足够的油压（应用接触压力或调节压力）。

电磁阀 N88 有两个功能：控制离合器冷却阀（KKV）和安全阀（SIV）。电磁阀 N215（自动变速器压力调节阀 1）激活离合器控制阀（KSV）。电磁阀 N216（自动变速器压力调节阀 2）激活减压阀（UV）。

4. ATF 冷却系统

ATF 散热器集成在发动机散热器中，其热量与发动机冷却循环（油-冷却液热交换器）中的冷却液进行热交换（图 7-23）。

差压阀 DDV1 可防止 ATF 散热器的压力过高（ATF 温度低）。当 ATF 温度低时，供油管和回油管建立起的压力有很大的不同。达到标定压差后，DDV1 打开，供油管与回油管直接接通，使 ATF 温度迅速升高。

当 ATF 滤清器的流动阻力过高时，差压阀 DDV2 打开，阻止 DDV1 打开，ATF 冷却系统因有背压无法工作。

四、无级自动变速器电子控制单元

01J 自动变速器的电子控制单元主要由控制单元、传感器等组成。

1. 控制单元

控制单元 J217 集成在自动变速器内，直接用螺栓紧固在液压控制单元上。3 个压力调节阀与控制单元间直接通过坚固的插接插头连接（S 形插头），而没有连接线，用一个 25 针的小型插头与

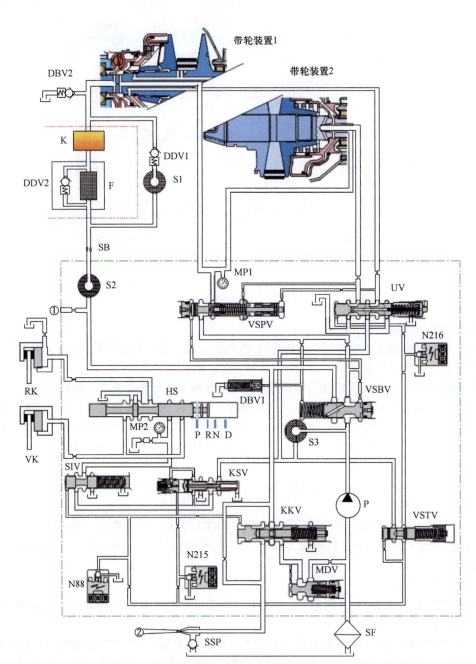

图 7-22 液压控制系统油路

DBV2—限压阀1　DBV2—限压阀2　DDV1—差压阀1　DDV2—差压阀2　F—ATF滤清器　HS—手动换档阀　K—ATF散热器　KKV—离合器冷却阀　KSV—离合器控制阀　MDV—最小压力阀　MP1—接触压力测试点（由G194监测）　MP2—离合器压力测试点（由G193监测）　N88—离合器冷却/安全切断阀　N215—自动变速器控制阀1（离合器）　N216—自动变速器控制阀2（传动比）　P—油泵　PRND—变速杆位置　RK—倒档离合器　S1—ATF过滤器1　S2—ATF过滤器2　S3—ATF过滤器3　SB—链轮润滑/冷却4喷孔　SF—ATF进油过滤器　SIV—安全阀　SSP—吸气喷射泵（吸气泵）　UV—减压阀　VK—前进档离合器　VSBV—体积改变率限制阀　VSPV—施压阀　VSTV—输导压力值

汽车线束相连（图7-24）。J217的底座为一个坚硬的铝板壳，此铝板壳起到了隔热作用。该壳体容纳全部的传感器，因此不再需要线束和插头，因而没有单独线束。线束与发动机线束集成在一

项目七　无级自动变速器

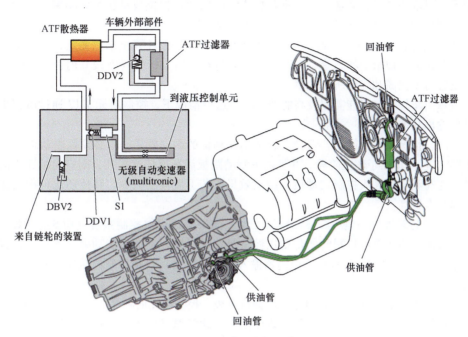

图 7-23　液压冷却系统

起，这种结构使 J217 的可靠性大大地提高了。

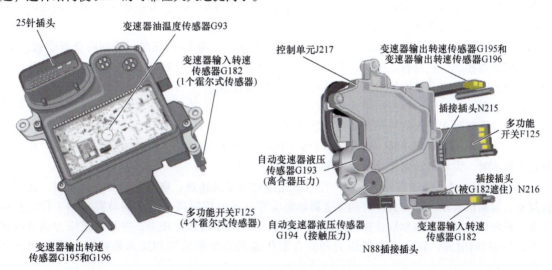

图 7-24　自动变速器电子控制单元

（1）动态控制程序　控制单元 J217 有一个动态控制程序（DRP），用于计算自动变速器目标输入转速。这是对已存在的用于 CVT 中的动态换档程序（DSP）的进一步改进。DRP 的目标是将操纵性能尽可能地与驾驶人输入相适应。

为实现上述目的，控制单元 J217 接收驾驶人动作、车辆运动状态和路面情况信息，计算加速踏板动作频率和加速踏板角度位置（驾驶人评价）、车速和车辆加速情况，利用这些信息和逻辑组合，在发动机转速范围内，通过改变传动比，将自动变速器输入转速设定在最佳动力性和最佳经济性之间，使汽车的操作性和驾驶性能与驾驶人输入信号尽可能匹配。

（2）强制降档功能　驾驶人通过把加速踏板踩到底，激活接通强制降档开关，告知自动变速器控制单元，要求提供最大加速度。为满足要求，必须快速提供发动机最大功率。为此，发动机转速被调整到最大功率处的转速，并保持到加速踏板角度减小为止。

(3) 依据行驶阻力自适应控制 "与负荷有关的动力"被计算出来以测定行驶阻力，例如上坡、下坡、车辆处于被牵引状态等。将该行驶阻力与在平路上行驶（空载）时的牵引阻力进行比较，指示是否需要提高和降低所需功率。

上坡或牵引车辆时，可能需要较高的功率。在这种情况下，控制单元 J217 通过减档来增加发动机转速和输出功率。

在下坡时，情况稍有不同。若驾驶人想利用发动机的制动效果，则必须踩制动踏板（信号来自开关 F47）。若汽车处于超速阶段，并且踩下制动踏板后车速依然提高，则应向减速方向调节传动比，从而更有利于驾驶人控制发动机的制动效果。若下坡坡度减少，则传动比再次向加速方向调节，车速稍有提高。

(4) 与车速巡航控制系统（CCS）协调工作 如果车速巡航控制系统（CCS）开关打开，当汽车下坡行驶时，由于巡航控制时的传动比经常是很低，导致发动机制动效果不足。在这种情况下，控制单元 J217 通过增加目标自动变速器输入转速来增强（变速控制向减速方向调节）发动机的制动效果。

(5) 升级程序 控制单元可以通过软件进行升级。控制单元的程序、特性参数和数据（软件）以及对输出信号进行的计算值，都永久性地存储于 EEPROM（电子可编程存储器）中，并将实时提供给控制单元。

在控制单元 J217 中有一个"flash EEPROM"的存储器。它在安装条件下是可被编程的，但它必须用新软件版本和最新故障码进行编程。升级设备采用 VAS5051，升级程序存储在光盘内，升级是通过 VAS5051 连接自诊断接口（K 线）进行编程升级的。

(6) 起步和转矩传递过程由电子-液压单元监控和调整 电子-液压单元控制离合器或制动器，与液力变矩器相比，它具有质量轻、安装空间小、使起动特性适应驾驶状态、使爬坡转矩适应驾驶状态以及在过载或非正常使用情况下具有保护功能等优点。

起动过程：自动变速器控制单元根据起动特性，识别出发动机标定转速，控制离合器，调整发动机转速。驾驶人输入信号和自动变速器控制单元内部要求是决定起动特性的参数。

在经济行驶模式下起步时，离合器打滑时间短，发动机转速低，使燃油经济性很好；在运动模式下起步时，发动机转速相对高，汽车加速性好。

(7) 对离合器（制动器）的控制 控制单元接收发动机转速、自动变速器输入转速、加速踏板位置、发动机转矩、制动力、自动变速器油温度等信号后控制离合器（制动器）的工作。自动变速器控制单元通过这些参数计算出离合器（制动器）所需的额定压力，并且确定压力调节电磁阀 N215 的控制电流，调节离合器压力和离合器传递的发动机转矩相应地随控制电流的变化而变化。

(8) 最佳舒适模式 在自动换档模式下，在传动比变化范围内可获得任意传动比，传动比可完全无抖动地调节，牵引力的传输不会中断。

在 Tiptronic（手动/自动一体化变速器）模式下，选择手动换档时有 6 个确定的档位。其中在第 5 档时，汽车可以获得最高车速，在第 6 档时可以获得更好的经济性。另外，驾驶人可以选择不同的低档，以获得不同的发动机制动效果，这点对在坡路上行驶非常重要。

(9) 最大动力特性 自动变速器输入转速的控制将发动机保持在最大功率输出状态。汽车加速时，牵引力的传递不会中断，可获得最佳加速特性。

(10) 高燃油经济性 在经济行驶模式下，通过对传动比的连续调节，使发动机总是处于最佳工作模式，提高了燃油经济性。

(11) 过载保护　利用内建模型，自动变速器控制单元计算出离合器打滑温度，若测得的离合器温度因离合器过载而超出标定界线，则发动机转矩将减小。当发动机转矩被减小到发动机怠速上限时，在一段时间内，发动机对加速踏板信号无反应，离合器冷却系统确保短时间内使离合器降温，此后又迅速重新提供发动机最大转矩。一般离合器过载很少出现。

(12) 爬坡控制功能　选择前进档，发动机怠速运转时，爬坡控制功能将离合器设定到一个额定的打滑转矩（离合器转矩）。

爬坡控制的特点是当车辆静止、制动起作用时，减小爬坡转矩，于是发动机不必产生过大的转矩（离合器片间隙也增加）。由于降低了汽车的运转噪声（车辆静止，发动机怠速运转时产生的"嗡嗡"声），并且只须稍加制动即可停住汽车，因而改善了燃油经济性和舒适性。若汽车停于坡道上，制动压力不足，车辆回溜时，离合器压力将增大，使汽车停住（"坡道停驻"功能）。该功能是通过两个自动变速器输出速度传感器 G195 和 G196 可以区分汽车是向前行驶还是向后行驶来实现的。

(13) 微量打滑控制　微量打滑控制适应于离合器控制，可以减缓发动机产生的扭转振动。在部分负荷下，离合器特性被调整到发动机输出转矩为 160N·m 时的状态。

当发动机转速上升到大约 1800r/min 时，转矩达到约 220N·m，此时离合器在"微量打滑"模式下工作。在此模式下，自动变速器输入轴和链轮装置 1 之间的打滑率（速度差别）保持在 5~20r/min。

(14) 离合器控制匹配　因离合器的摩擦因数经常变化，为了能在任何工作状态下和其寿命内使离合器控制的舒适性能不变，必须不断优化控制电流及离合器转矩之间的关系。离合器的摩擦因数取决于自动变速器油、自动变速器油温度、离合器温度、离合器打滑率等。为了补偿这些影响并优化离合器控制，在爬坡控制模式和部分负荷状态下，控制电流和离合器转矩要相匹配。

爬坡模式下的匹配（施加制动）：在匹配（学习新的输导控制值）模式中有一个额定的离合器传递转矩，自动变速器控制单元监测控制电流（来自 N215）和来自压力传感器 G194 的数据（接触压力）间的关系，并且将这些数据存储起来，实际数据用于计算新的特性参数。

部分负荷状态的匹配是在微量打滑控制模式下完成的。在此模式下，自动变速器控制单元比较发动机转矩（来自发动机控制单元）与 N215 的控制电流间的关系并存储此数据。实际数据用于计算新的特性参数。

离合器控制匹配功能的作用是保持恒定的离合器控制质量，控制适合的离合器压力，提高效率。

(15) 故障自诊断功能　故障在很大程度上可通过自诊断功能识别。根据故障对驾驶安全性的影响程度，可通过仪表板上的变速杆位置指示灯显示给驾驶人。对故障自诊断识别的结果，会有 3 种不同显示状态：

1) 故障被存储，替代程序能够使汽车继续运行（有某些限制），此故障不显示给驾驶人。因为这对驾驶安全性来说并不严重，驾驶人根据汽车的行驶状况可注意到该故障。

2) 变速杆位置指示灯通过倒置显示现存故障。此故障对于驾驶安全性来说仍不严重，但是驾驶人应尽快去服务站将故障排除。

3) 变速杆位置指示灯正在指示现存故障，此故障对于驾驶安全性来说是严重的，因此，建议驾驶人立即去服务站将故障排除。

(16) 换档控制　根据边界条件，动态控制程序计算出自动变速器额定输入转速，传感器 G182 监测链轮 1 处的自动变速器实际输入转速。自动变速器控制单元根据实际值与设定值之间的比较，计算出压力调节阀 N216 的控制电流。N216 产生液压换档阀的控制压力，该压力与控制电流几乎成正比。通过检查来自 G182（自动变速器输入转速传感器）和 G195（自动变速器输出转速传感器）及发动机转速信号来实现对换档的监控。

2. 传感器

因为电控单元集成在自动变速器中，不能再用传统的设备来测量传感器信号，其检测只能用故障诊断仪的"读取故障码"和"读取数据流"功能完成。

（1）自动变速器输入转速传感器 G182 和输出转速传感器 G195、G196 如图 7-25 所示，传感器 G182 监测链轮 1 的转速，提供实际的自动变速器输入转速。自动变速器输入转速与发动机转速一起用于离合器控制，作为变速控制的输入变化参考量。

传感器 G195 和 G196 监测链轮 2 的转速，通过它识别自动变速器输出转速。来自 G195 的信号用于监测转速。来自 G196 的信号用来区别旋转方向，从而可区别出汽车是向前行驶还是向后行驶。

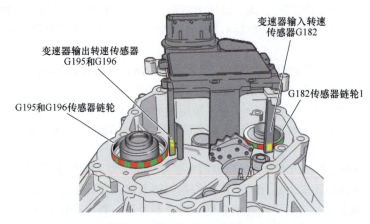

图 7-25 自动变速器输入转速传感器 G182 和输出转速传感器 G195、G196

自动变速器输出转速用于变速控制、爬坡控制、坡道停车功能和为仪表板组件提供车速信号。若 G195 损坏，则自动变速器输出转速可从 G196 的信号取得，坡道停车功能失效；若 G196 损坏，坡道停车功能也失效；若两个传感器都损坏，可从轮速信号获取替代值（通过 CAN 总线），坡道停车功能失效。

故障显示：无。

传感器 G195 与传感器 G196 在传感器轮背面相邻安装（图 7-26）。

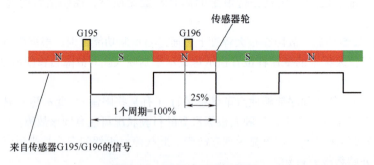

图 7-26 G195 与 G196 信号

当来自传感器 G195 的信号为下降沿时，传感器 G196 的位置为"LOW"；当来自传感器 G196 的信号为下降沿时，传感器 G195 的位置为"HIGH"。自动变速器控制单元将这种模式理解为前进档（图 7-27a）。

当来自传感器 G195 的信号为下降沿时，传感器 G196 位置为"HIGH"；当来自传感器 G196 的信号为下降沿时，传感器 G195 的位置为"LOW"。自动变速器控制单元将此模式理解为倒档

（图7-27b）。

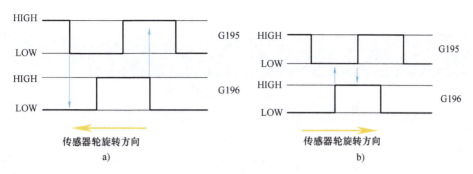

图7-27 旋转方向的识别
a）前进档 b）倒档

（2）自动变速器液压传感器1（G193） 传感器G193监测前进档和倒档离合器压力，用来监控离合器功能。离合器压力监控有高的优先权，因此多数情况下，G193失效都会使安全阀被激活。

故障显示：变速杆位置指示灯闪烁。

（3）自动变速器液压传感器2（G194） 传感器G194监测接触压力，此压力由转矩传感器调节。因接触压力总是与实际自动变速器输入转矩成比例，所以利用G194的信号可十分准确地计算出自动变速器输入转矩。G194的信号用于离合器控制（爬坡功能控制和匹配）。

若G194信号不正确，则爬坡控制匹配功能失效，爬坡转矩由存储值来控制。

故障显示：无。

（4）多功能开关F125 多功能开关F125（图7-28）由4个霍尔传感器组成，霍尔传感器由换档轴上的电磁通道控制。来自霍尔传感器的信号与手动式开关位置相对应。

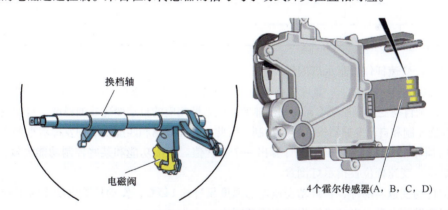

图7-28 多功能开关F125

高位置时开关关闭（1），低位置时开关打开（0），因此，一个开关可产生"1"和"0"2个信号，4个开关能产生16种不同的换档组合。4个换档组合用于识别换档位置P、R、N、D，2个换档组合监测中间位置（P-R、R-N-D），10个换档组合用于故障分析，见表7-1。

变速杆进入换档位置"N"时，若霍尔传感器"C"损坏，换档组合为"0001"，自动变速器控制单元将不再能识别变速杆位置"N"。控制单元识别出此换档组合为故障状态并使用合适的替代程序。

自动变速器控制单元需要换档位置信息完成以下功能：起动机锁止控制；倒车灯控制P/N；内部锁控制；车辆运行状态信息用于离合器控制（前进/倒车/空档）；倒车时锁止转动比。

F125 的故障很难显示出来,在某些情况下,车辆将不能行驶。

表 7-1 自动变速器换档组合表

变速杆位置	霍尔传感器			
	A	B	C	D
	换档组合			
P	0	1	0	1
P-R	0	1	0	0
R	0	1	1	0
R-N	0	0	1	0
N	0	0	1	1
N-D	0	0	1	0
D	1	0	1	0
故障	0	0	0	0
故障	0	0	0	1
故障	0	1	1	1
故障	1	0	0	0
故障	1	0	0	0
故障	1	0	1	1
故障	1	1	0	0
故障	1	1	0	1
故障	1	1	1	0
故障	1	1	1	1

故障显示:变速杆位置指示灯闪烁。

(5) 自动变速器油(ATF)温度传感器 G93 传感器 G93 集成在自动变速器控制单元的电子器件中,用于记录自动变速器控制单元铝制壳体的温度,即相应的自动变速器油温度。自动变速器油温度影响离合器控制和自动变速器输入转速控制。因此,其在控制和匹配功能中发挥着重要作用。

若 G93 损坏,发动机温度被用来计算出一个替代值。匹配功能和某些控制功能失效。

故障显示:变速杆位置指示灯倒置。

为保护自动变速器部件,若自动变速器油温度超过约 145℃,发动机输出功率将下降;若自动变速器油温度继续上升,发动机输出功率逐渐减小。

故障显示:变速杆位置指示灯闪烁。

(6) "制动动作"信号 "制动动作"信号用于:变速杆锁止功能;爬坡控制;动态控制程序(DCP)。无级自动变速器控制单元并不直接与制动灯开关连接,"制动动作"信号由发动机控制单元 CAN 总线提供(图 7-29)。

(7) "强制降档"信号 如图 7-30 所示,强制降档信号不需要单独的开关,位于加速踏板组件上的簧载压力元件产生一个"阻尼点",将"强制降档感觉"传给驾驶人。

当驾驶人激活强制降档功能时,传感器 G79 和 G185(加速踏板组件)的电压值超过节气门全开时的电压值,当超过强制降档点相对应的电压值时,发动机控制单元通过 CAN 总线向自动变速器控制单元发送一个强制降档信号。

项目七　无级自动变速器

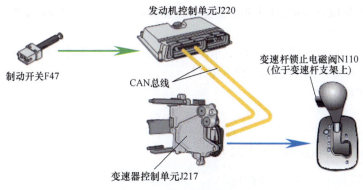

图 7-29　制动信号的传输

在自动模式下，当强制降档功能被激活时，最大加速的最大动力控制参数被选择。强制降档功能不能被连续激活。当强制降档被激活一次后，加速踏板只需要保持在节气门全开位置。

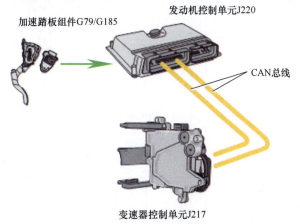

图 7-30　强制降档信号

（8）Tiptronic 开关 F189　Tiptronic 开关 F189 集成在齿轮变速机构的鱼鳞板中，由 3 个霍尔传感器组成，这些霍尔传感器由位于鱼鳞板上的电磁阀激活（图 7-31）。其中，A 为降档传感器；B 为 Tiptronic 识别传感器；C 为升档传感器。

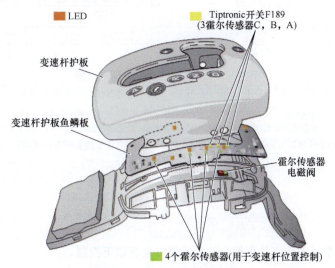

图 7-31　Tiptronic 开关 F189

鱼鳞板上有 7 个 LED 指示，4 个用于变速杆位置显示，1 个用于"制动动作"信号，其余 2 个用于 Tiptronic 护板上的"＋"和"－"信号。

每个变速杆位置的 LED 都由单独的霍尔传感器控制。当被激活时，F189 开关将自动变速器控制单元搭铁。若有故障，Tiptronic 功能不能执行。

故障显示：倒置。

五、电路图

01J 无级自动变速器电路图如图 7-32 所示。

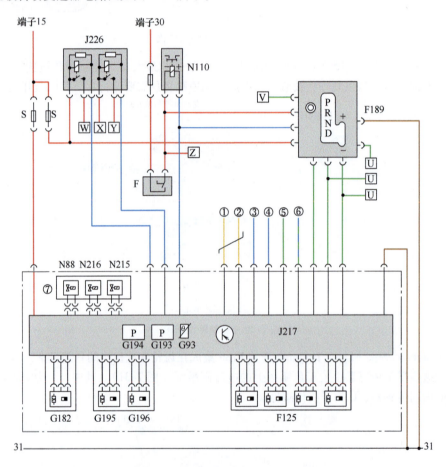

图 7-32　01J 无级自动变速器电路图

F—制动灯开关　F125—多功能开关　F189—Tiptronic 开关　G93—变速器油温度传感器　G182—变速器输入转速传感器　G193—自动变速器液压传感器 1（离合器压力）　G194—自动变速器液压传感器 2（接触压力）　G195—变速器输出转速传感器 1　G196—变速器输出转速传感器 2　N88—离合器冷却/安全切断阀　N110—变速杆锁止电磁阀　N215—自动变速器压力控制阀 1（离合器控制）　N216—自动变速器压力控制阀 2（变速控制）　J217—Multitronic 控制单元　J226—起动锁止和倒车灯继电器　S—熔丝　U—到 Tiptronic 转向盘（选装）　V—来自接线柱 58d　W—到倒车灯　X—自点火开关到接线柱 50　Y—到起动机接线柱 50　Z—到制动灯　1—传动系统 CAN 总线（低）　2—传动系统 CAN 总线（高）　3—换档指示信号　4—车速信号　5—发动机转速信号　6—断插头

Multitronic 控制单元的作用是根据各传感器信号实现以下控制。

项目七　无级自动变速器

1. 离合器接合控制

自动变速器控制单元根据发动机转速、自动变速器输入转速、加速踏板位置、发动机转矩、制动力、自动变速器油温度等参数计算出离合器额定压力，并且确定压力调节阀 N215 的控制电流值，从而控制离合器控制阀的位置。离合器控制阀在控制离合器压力时，还调整待传递的发动机转矩，离合器压力又通过安全阀传到手动换档阀上，手动换档阀再将油压传到前进档离合器或倒档离合器上。变速杆位于 N 和 P 位时，手动换档阀切断供油，前进档离合器和倒档离合器都与油底壳相通。

2. 离合器安全切断控制

在自动变速器工作时，液压传感器 G193 检测液压控制部分中的离合器压力（实际压力）。实际离合器压力与自动变速器控制单元计算的额定压力不断进行比较，如果实际离合器压力明显高于离合器额定压力，不论手动换档阀处于任何位置，自动变速器控制单元都会给电磁阀 N88 发出指令，使安全阀工作，确保离合器快速分离。

3. 离合器冷却控制

为了防止离合器过热，离合器设有冷却系统。离合器的温度超过 95℃ 时，自动变速器控制单元向电磁阀 N88 提供一额定电流，该电流产生一控制压力控制离合器冷却阀工作，离合器冷却阀将压力从冷却油回油管传到吸气喷射泵，吸气喷射泵又根据文丘里原理工作，从而对离合器进行冷却。

4. 01J 型无级自动变速器换档控制

在自动变速器工作时，输导控制阀向压力调节阀 N216 提供一个约 0.5MPa 的常压，N216 根据自动变速器控制单元计算的控制电流产生控制压力。该压力控制减压阀的位置，根据控制压力，减压阀将调节压力传递到链轮 1 或 2 的分离缸上，进行换档控制。

一、填空题

1. 无级自动变速器是由_____实现无级变速的。
2. 01J 无级自动变速器主要由_____、_____、辅助减速齿轮组、_____、_____和主传动装置等组成。
3. 液压控制系统需要为自动变速器提供足够量的液压油和润滑油，以实现_____、_____、_____、_____、_____等作用。
4. 01J 无级自动变速器的电子控制单元主要由_____、_____等组成。

二、简答题

1. 简述无级自动变速器的工作原理。
2. 简述 01J 无级自动变速器 Multitronic 控制单元的作用。

项目八　自动变速器性能检测

装有自动变速器的故障车辆进入维修厂后，维修人员经过询问车主，可以初步检查排除很多故障。然后再进行故障码的读取及数据分析，如果有故障码，可以按故障码的提示去检修；如果没有故障码，则要进一步判断故障是发生在机械、液压部分还是电控系统，方法是进行手动换档试验。如果是电控系统故障，要逐步检查、修理或更换；如果是机械和液压系统的故障，则要进行失速试验、油压试验、换档时滞试验、道路试验，以判断故障部位并进行修理，最后进行试车检验。

本项目主要包含初步检查、道路试验、失速试验、时滞试验、油压试验。

知识目标	1）能叙述自动变速器初步检查项目
	2）能描述自动变速器的性能试验的目的、要求及实验步骤
技能目标	能对自动变速器的失速试验、时滞试验、油压试验结果进行正确分析

一、初步检查

1. 发动机怠速检查

将变速杆置于 N 位，关闭空调，检查发动机怠速转速。具体数值应查看具体车型的维修手册，一般为 750~800r/min。

自动变速器很多故障是由于发动机的问题引起的。若发动机怠速转速过低，则当变速杆由 P 位或 N 位换至 D 位或 R 位时，会导致车身的振动，严重时导致发动机熄火。

2. 变速杆拉索的检查与调整

变速杆拉索调整不当，会使变速杆的位置与自动变速器阀板中手动阀的实际位置不符，造成挂不进停车档或前进低档，或变速杆的位置与仪表板上档位指示灯的显示不符，甚至造成在空档或停车档时无法起动发动机。

（1）变速杆拉索的检查方法

① 把变速杆移动至 P 位。

② 向上拆下自动变速器变速杆上的变速杆拉索，并且把变速杆从 P 位移动至 1 位，换档机构和变速杆必须能够无阻碍地运动。

项目八　自动变速器性能检测

③ 把变速杆移动至 P 位。

④ 把变速杆轴移动至 P 位，驻车锁止必须激活并且能够同方向转动两个前车轮。

⑤ 变速杆拉索能够推到变速杆轴上，否则调整变速杆拉索。

(2) 变速杆拉索的调整方法（图 8-1）

① 将变速杆拉索与变速杆轴脱开，变速杆移动至 P 位。

② 把变速杆轴移动至 P 位，驻车锁止必须激活并且不能同方向转动两个前车轮。

③ 松开支撑支架上的固定螺栓了。

④ 将变速杆拉索 1 按到变速杆轴 2 上。

⑤ 将变速杆拉索与支撑支架对齐，不使它受到压迫，以 23N·m 的拧紧力矩将支撑支架的固定螺栓拧紧。

⑥ 重新检查换档机构。

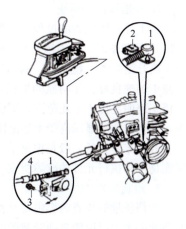

图 8-1　自动变速器变速杆拉索检查与调整图

3. 档位开关的检查与调整

将变速杆拨至各个档位，检查档位指示灯与变速杆位置是否一致、P 位和 N 位时发动机能否起动、R 位时倒档指示灯是否亮起。发动机应只能在空档（N 位）和驻车档（P 位）起动，其他档位不能起动，若有异常，应调节空档起动开关螺栓和开关电路（图 8-2）。

1）松开档位开关的固定螺钉，将变速杆放到 N 位。

2）将槽口对准空档基准线。有些自动变速器的档位开关壳体上刻有一条基准线，调整时应将基准线和手动阀摇臂轴上的槽口对齐（图 8-2a）；也有一些自动变速器的档位开关上有一个定位孔，调整时应使摇臂上的定位孔和档位开关上的定位孔对准（图 8-2b）。

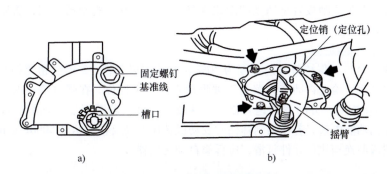

图 8-2　档位开关的调整

对自动变速器进行基本检查之后，若没有找出故障部位和故障原因，须做进一步的性能测试实验，以便根据实验结果进行诊断。自动变速器的性能试验主要有道路试验、失速实验、时滞试验、油压试验等。

二、道路试验

1. 升档检查

将变速杆置于 D 位，踩下加速踏板，使节气门保持在 50% 开度左右，让汽车起步加速，检查自动变速器的升档情况。自动变速器在升档时，发动机会有瞬时的转速下降，观察发动机转速表指针回摆次数，可知前进各档是否能顺利升入。若自动变速器不能升入高档，则说明控制系统或换档执行元件有故障。

2. 升档车速的检查

在上述升档检查的过程中，当自动变速器升档时，记下升档车速。一般四档自动变速器在节气门开度50%时，由1档升至2档的车速为25～35km/h，由2档升至3档的车速为55～100km/h，由3档升至4档（超速档）的车速为90～120km/h。只要升档车速基本保持在上述范围内，且汽车行驶中加速良好，无明显的换档冲击，都可认为其升档车速基本正常。若汽车行驶中加速无力，升档车速明显低于上述范围，则说明升档车速过低（即升档提前）；若汽车行驶中有明显的换档冲击，升档车速明显高于上述范围，则说明升档车速过高（即升档滞后）。

升档车速太低一般是控制系统的故障所致；升档车速太高则可能是控制系统的故障所致，也可能是换档执行元件的故障所致。

3. 换档质量的检查

换档质量的检查内容主要是检查有无换档冲击。电控自动变速器的换档冲击应十分微弱。若换档冲击太大，说明自动变速器的控制系统或换档执行元件有故障，其原因可能是主油压高或换档执行元件打滑，应做进一步的检查。

4. 锁止离合器工作状况的检查

液力变矩器中锁止离合器的工作是否正常，也可以采用道路试验的方法进行检查。将汽车加速至超速档，以高于80km/h的车速行驶，并让节气门开度保持在低于50%的位置，使液力变矩器进入锁止状态。快快将加速踏板踩下，使节气门开度超过85%，同时检查发动机转速的变化情况。若发动机转速没有太大的变化，说明锁止离合器处于接合状态；反之，若发动机转速升高很多，则说明锁止离合器没有接合，其原因通常是锁止控制系统有故障。

5. 发动机制动作用的检查

将变速杆置于2位或L位，在汽车以2档或1档行驶时，突然松开加速踏板，检查是否有发动机制动作用。若松开加速踏板后车速立即随之下降，说明有发动机制动作用；否则说明控制系统或换档执行元件有故障。

6. 强制降档功能的检查

将变速杆置于D位，保持节气门开度为30%左右，在以2档、3档或超速档行驶时，突然将加速踏板完全踩到底，检查自动变速器是否被强制降低一个档位。在强制降档时，发动机转速会突然升至4000r/min左右，并随着加速升档，转速逐渐下降。若踩下加速踏板后没有出现强制降档，说明强制降档功能失效。若在强制降档时发动机转速升高反常，达到5000r/min并在降档时出现换档冲击，则说明换档执行元件打滑，应拆修自动变速器。

三、失速试验

失速试验的目的是通过测量在D位、R位时的失速转速，来检查发动机是否动力不足、液力变矩器导轮单向离合器是否打滑以及自动变速器执行元件是否打滑。

1. 试验前准备工作

1）让汽车行驶至发动机和自动变速器均达到正常工作温度。
2）检查汽车的制动踏板和驻车制动器，确认其性能良好。
3）检查ATF液面高度，应正常。

2. 试验步骤

失速试验的试验步骤如图8-3所示。
1）将汽车停放在宽阔的水平路面上，用三角木塞住前、后车轮。
2）拉紧驻车制动器手柄，左脚用力踩住制动踏板。
3）起动发动机。

4）将变速杆拨入 D 位。

5）在左脚踩紧制动踏板的同时，用右脚将加速踏板踩到底，在发动机转速不再升高时，迅速读取此时发动机的转速。

6）读取发动机转速后，立即松开加速踏板。

7）将变速杆拨入 P 或 N 位，让发动机怠速运转 1min 以上，以防止 ATF 因温度过高而变质。

8）将变速杆拨至其他档位（R、L 或 2、1），做同样试验。

3. 试验注意事项

在失速工况下，发动机的动力全部消耗在液力变矩器内 ATF 的内部摩擦损失上，ATF 的温度急剧上升，因此在失速试验中，从加速踏板踩下到松开的整个过程的时间不得超过 5s，否则会使 ATF 温度过高而变质，甚至损坏密封圈等零件。在每一个档位试验完成之后，不要立即进行下一个档位的试验，要等 ATF 温度下降之后再进行。试验结束后不要立即熄火，应将变速杆拨至空档或停车档，让发动机怠速运转几分钟，以便让 ATF 温度降至正常。如果在试验中发现驱动轮因制动力不足而转动，应立即松开加速踏板停止试验。

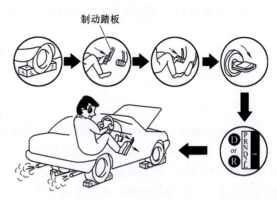

图 8-3　失速试验的试验步骤

4. 试验结果分析

不同车型的自动变速器都有其失速转速标准。大部分自动变速器的失速转速标准值在 2300r/min 左右，若失速转速与标准值相符，说明自动变速器的油泵、主油路油压及各个换档执行元件工作基本正常；若失速转速高于标准值，说明主油路油压过低或换档执行元件打滑；若失速转速低于标准值，则可能是发动机动力不足或液力变矩器有故障。例如，当液力变矩器中的导轮单向离合器打滑时，液力变矩器在液力耦合工况下工作，其变矩比下降，从而使发动机的负荷增大，转速下降。

四、时滞试验

在发动机怠速运转时将变速杆从空档拨至前进档或倒档后，需要有一段短暂时间的迟滞或延时才能使自动变速器完成档位的接合，这一短暂的时间称为自动变速器换档的时滞时间。

1. 试验前准备工作

1）让车辆运转至发动机和自动变速器达到正常工作温度。

2）将汽车停放在水平地面上，拉紧驻车制动器手柄。

3）检查发动机怠速，保证怠速运转正常。

2. 试验步骤（图 8-4）

1）将自动变速器变速杆从 N 位拨至 D 位，用秒表测量从拨动变速杆开始到感觉到汽车振动为止所需的时间，该时间即为 N 位至 D 位的换档时滞时间。

2）将变速杆拨至 N 位，让发动机怠速运转 1min 之后，再重复上次试验。

3）做 3 次试验，取其平均值。

4）按照上述方法，将变速杆由 N 位拨至 R 位，以测量 N 位至 R 位换档时滞时间。

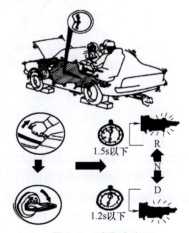

图 8-4　时滞试验

3. 试验结果分析

一般自动变速器 N 位至 D 位时滞时间小于 1.2s，N 位至 R 位时滞时间小于 1.5s。

若 N 位至 D 位时滞时间过长，则说明主油路油压过低、前进档离合器摩擦片磨损过度或前进档单向离合器工作不良。

若 N 位至 R 位时滞时间过长，则说明倒档主油路油压过低，倒档离合器或倒档制动器磨损过度或工作不良。

五、油压试验

油压试验是在自动变速器运转时，对控制系统各油路中的油压进行测量，为分析自动变速器的故障提供依据，以便于有针对性地进行修复。油压过高，会使自动变速器出现严重的换档冲击，甚至损坏控制系统；油压过低，则会造成换档执行元件打滑，加剧其摩擦片的磨损，甚至使换档执行元件烧毁。在分解修理自动变速器之前和自动变速器修复之后，都要对自动变速器进行油压试验，以确保自动变速器的维修质量。

1. 试验前准备工作

1）驾驶汽车，使发动机及自动变速器达到正常工作温度。

2）将汽车停放在水平路面上，检查发动机怠速和自动变速器 ATF 的液面高度。如不正常，应进行调整。

3）准备一个量程为 2MPa 的压力表。

4）找出自动变速器各个油路测压孔的位置。通常在自动变速器壳体上有几个用方头螺塞堵住的用于测量不同油路油压的测压孔。

2. 试验步骤

测试主油路油压时，应分别测出前进档和倒档的主油路油压（图 8-5）。

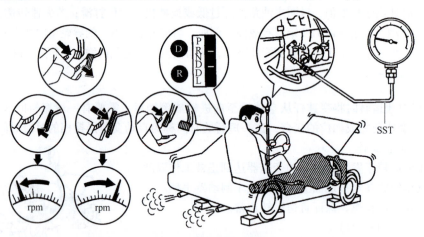

图 8-5　主油路油压测试

1）拆下自动变速器壳体上的主油路测压孔螺塞，接上油压表。起动发动机，将变速杆拨至前进档位置，读出发动机怠速运转时的油压。该油压即为怠速工况下的前进档主油路油压。

2）用左脚踩紧制动踏板，同时用右脚将加速踏板完全踩下，在失速工况下读取油压。该油压即为失速工况下的前进档主油路油压。

3）将变速杆拨至空档或停车档，让发动机怠速运转 1min 以上。将变速杆拨至各个前进低档位置，重复上述步骤，读出各个前进低档在怠速工况和失速工况下的主油路油压。

4）将变速杆拨至倒档位置，读出发动机怠速运转时的油压。该油压即为怠速工况下的倒档主油路油压。

5）用左脚踩紧制动踏板，同时用右脚将加速踏板完全踩下，在失速工况下读取油压。该油压即为失速工况下的倒档主油路油压。

3. 试验结果分析

若主油路油压不正常,说明油泵或控制系统有故障。具体分析见表8-1。

表8-1 主油路油压不正常的原因

工况	测试结果	故障原因
怠速	所有档位的主油压均太低	① 油泵故障 ② 主油路调压阀卡死 ③ 主油路调压阀弹簧太软 ④ 节气门拉索或节气门位置传感器调整不当 ⑤ 主油路泄漏
	前进档和前进低档主油路油压均太低	① 前进档离合器活塞漏油 ② 前进档油路泄漏
	前进档主油路油压正常;前进低档主油路油压太低	① 1档强制离合器或2档强制离合器活塞泄漏 ② 前进低档油路泄漏
	前进档主油路油压正常;倒档主油路油压太低	① 倒档及高档离合器活塞漏油 ② 倒档油路泄漏
	所有档位的主油压均太高	① 节气门拉索或节气门位置传感器调整不当 ② 主油路调压阀卡死 ③ 主油路调压阀弹簧太硬 ④ 油压电磁阀损坏或线路故障
失速	低于标准油压	① 节气门拉索或节气门位置传感器调整不当 ② 油压电磁阀损坏或线路故障 ③ 主油路调压阀弹簧太软
	明显低于标准油压	① 油泵故障 ② 主油路泄漏

项目实施

工具准备:需要的工具、设备明细详见表8-2。

表8-2 工具、设备明细

件 号	名 称	型号及规格	数 量
1	实训车辆		4辆
2	自动变速器油(ATF)		4桶

（续）

件 号	名 称	型号及规格	数 量
3	油压表	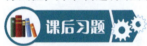	4块
4	车轮挡块		4个

自动变速器的初步检查、道路试验、失速试验、时滞试验、油压试验按照以上步骤和要求进行试验，并准确进行结果分析。

课后习题

一、判断题

1. 自动变速器的失速试验是在正常工作温度下进行的，每次进行该试验不得超过5s。（　）
2. 失速试验时，如果在发动机转速未达到规定失速转速之前，后轮开始转动，应放松加速踏板停止试验。（　）
3. 失速试验时间严禁超过5s，否则将严重损伤自动变速器，并使自动变速器油过早变质。（　）
4. 节气门开度较小时，自动变速器所传递的转矩较小，执行元件中的离合器、制动器不易打滑，主油路压力可以降低。（　）
5. 当发动机节气门开度较大时，因传递的转矩增大，为防止离合器、制动器打滑，主油路压力要升高。（　）
6. 当发动机节气门开度较大时，自动变速器所传递的转矩较小，执行元件中的离合器、制动器不易打滑，主油路压力可以降低。（　）
7. 汽车低速档行驶时，所传递的转矩较大，为防止离合器、制动器打滑，主油路压力要高。（　）
8. 汽车在高速档行驶时，自动变速器传递的转矩较小，可降低主油路油压，以减少油泵的运转阻力。（　）
9. 汽车在高速档行驶时，所传递的转矩较大，主油路压力要高。（　）
10. 倒档的使用时间较少，为减小自动变速器尺寸，使执行元件中的离合器、制动器不易打滑，主油路压力可以降低。（　）
11. 检查自动变速器油液位时，要在发动机怠速且制动踏板被踩下的情况下，将变速杆换到从P位到L位的所有位置，然后回到P位。（　）
12. 执行自动变速器油压测试时须在自动变速器油的正常工作温度范围内（70~80℃）进行。（　）
13. 应在自动变速器油的正常工作温度范围内（50~80℃）执行自动变速器油压测试。（　）

项目八 自动变速器性能检测

14. 管路油压压力测试时务必由两人一起完成，一名技师进行测试时，另一名技师应在车外观察车轮或车轮挡块的状况。（　　）
15. 自动变速器油压检测必须在检查和调整发动机之后进行。（　　）
16. 自动变速器油压检测应在空调关闭的情况下进行。（　　）
17. 自动变速器油压失速测试时，持续时间不得超过10s。（　　）
18. 倒档的使用时间较少，倒档执行元件被做得较小，为避免出现打滑，须提高操纵油压。（　　）

二、选择题

1. 自动变速器油压试验应在（　　）下由两人完成。
   A. 50～80℃　　B. 70～80℃　　C. 40～70℃　　D. 50～90℃
2. 以丰田A341E自动变速器为例进行主油路油压测试时，若测得的油压未达到规定值，应检查（　　）后再重新做主油路油压测试。
   A. 输出轴转速传感器　　　　B. 节气门拉索的调整情况
   C. 空档起动开关的调整情况　　D. 变速杆位置的调整情况
3. 以丰田A341E自动变速器为例进行主油路油压测试时，若只在D位油压低，则说明（　　）。
   A. 直接档离合器故障　　　　B. 倒档制动器故障
   C. 前进档离合器故障　　　　D. 以上都有可能
4. 以丰田A341E自动变速器为例进行主油路油压测试时，只在R位油压低，则说明（　　）。
   A. R位油路泄漏　　　　　　B. 直接档离合器故障
   C. 倒档制动器故障　　　　　D. 以上都有可能
5. 自动变速器的失速试验的目的是通过测量在D、R位时的失速转速，来（　　）。
   A. 检查自动变速器各档执行元件的工作情况　　B. 检查发动机及自动变速器的总体性能
   C. 判断故障是来自电控系统还是机械系统　　　D. 以上都是
6. 自动变速器失速试验的正确步骤是（　　）。
   ① 塞住前、后车轮
   ② 在发动机上安装转速表（如果仪表板上有转速表可省略此步）
   ③ 拉紧驻车制动器手柄或踩下制动踏板
   ④ 左脚踩下制动踏板
   ⑤ 起动发动机
   ⑥ 将变速杆置于D位，用右脚把加速踏板踩到底，同时迅速读取发动机转速，此转速即为失速转速
   A. ⑥⑤④③②①　　B. ②①③④⑤⑥　　C. ④③②①⑤⑥　　D. ①②③④⑤⑥
7. 不同的车型，由于结构不同，失速试验的试验结果体现的故障也不同，以丰田四档自动变速器为例，若在D位失速转速高于规定值，说明（　　）。
   A. 主油压太低　　　　　　　B. 前进档离合器工作不良
   C. O/D单向离合器工作不良　　D. 以上都有可能
8. 丰田汽车四档自动变速器做失速试验时，如果在D位和R位两个位置失速转速都相同，且均低于规定值，则说明（　　）。
   A. 发动机可能功率不足
   B. 液力变矩器可能损坏
   C. 导轮（液力变矩器）单向离合器工作不正常
   D. 以上都有可能

参 考 文 献

[1] 董长兴，李明清．汽车自动变速器构造与维修［M］．北京：机械工业出版社，2016．
[2] 谭本忠．汽车自动变速器原理与维修图解教程［M］．北京：机械工业出版社，2012．
[3] 王正旭．汽车自动变速器构造与检修［M］．北京：人民交通出版社，2012．
[4] 郭兆松．汽车自动变速器构造与维修［M］．北京：清华大学出版社，2013．
[5] 王军方．自动变速器检测与维修［M］．北京：机械工业出版社，2012．